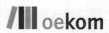

Herausgegeben von oekom e.V. – Verein für ökologische Kommunikation

www.blauer-engel.de/uz195
- ressourcenschonend und umweltfreundlich hergestellt
- emissionsarm gedruckt
- überwiegend aus Altpapier

LQ6

Dieses Druckerzeugnis ist mit dem Blauen Engel ausgezeichnet.

Bibliografische Information der Deutschen Nationalbibliothek: Die Deutsche Nationalbibliothek verzeichnet diese Publikation in der Deutschen Nationalbibliografie; detaillierte bibliografische Daten sind im Internet über http://dnb.d-nb.de abrufbar.

© 2025 oekom, München
oekom verlag, Gesellschaft für ökologische Kommunikation mbH
Goethestraße 28, 80336 München

Umschlaggestaltung, Layout und Satz: Lone Birger Nielsen
Lektorat: Anke Oxenfarth, Marion Busch

Druck: Kern GmbH
Gedruckt auf 100% FSC-Recylingpapier (außen: Circleoffset White; innen: Circleoffset White), zertifiziert mit dem Blauen Engel (RAL-UZ 14)

Alle Rechte vorbehalten. Printed in Germany
ISBN 978-3-98726-149-7

oekom e.V. – Verein für ökologische Kommunikation (Hrsg.)

Feldversuche

Wege zu nachhaltiger Landnutzung

Mitherausgegeben von der Vereinigung für ökologische Wirtschaftsforschung e. V.

politische ökologie | **Die Reihe für alle, die weiter denken**

Die Welt steht vor enormen ökologischen und sozialen Herausforderungen. Um sie zu bewältigen, braucht es den Mut, ausgetretene Denkpfade zu verlassen, unliebsame Wahrheiten auszusprechen und unorthodoxe Lösungen zu skizzieren. Genau das tut die *politische ökologie* mit einer Mischung aus Leidenschaft, Sachverstand und Hartnäckigkeit.

Die *politische ökologie* schwimmt gegen den geistigen Strom und spürt Themen auf, die oft erst morgen die gesellschaftliche Debatte beherrschen. Die vielfältigen Zugänge eröffnen immer wieder neue Räume für das Nachdenken über eine Gesellschaft, die Zukunft hat.

Herausgegeben wird die *politische ökologie* vom
oekom e.V. – Verein für ökologische Kommunikation.

Editorial

Ohne fruchtbares Land gäbe es keine Vegetation, keine Wälder und keine funktionierenden Ökosysteme. Land liefert Nahrung, speichert Wasser, reguliert das Klima und bildet die Basis für unsere Wirtschaft. Wälder binden Kohlendioxid, Böden speichern Nährstoffe, Landschaften schaffen Lebensräume. Doch trotz dieser essenziellen Funktionen gehen wir weder umsichtig noch weitsichtig mit dem Land um, das uns zur Verfügung steht. Denn Land ist eine endliche Ressource – doch die Nutzungsansprüche daran wachsen unaufhörlich.

Landwirtschaft, Städtebau, Energiegewinnung und Naturschutz konkurrieren um den begrenzten Raum, während fruchtbare Böden schwinden. Kein Wunder, dass Nutzungskonflikte zunehmen und der Druck auf Ernährungsgrundlagen, Biodiversität und Klimaresilienz steigt. In diesem Spannungsfeld braucht es nachhaltige Landnutzungsstrategien und neue Formen der Zusammenarbeit zwischen Politik, Wissenschaft, Wirtschaft und Zivilgesellschaft. Denn viel zu lange wurde Landnutzung als rein technisches Thema behandelt. Nachhaltige Landnutzung bedeutet jedoch mehr als das Setzen auf eine noch effizientere Landwirtschaft oder optimierte Flächenerschließung. Sie verlangt ein neues Verständnis, das ökologische, soziale und wirtschaftliche Aspekte zusammenführt.

Die gute Nachricht: Überall entstehen neue Ansätze für einen bewussteren Umgang mit Land und Flächen. Digitale Technologien erleichtern ressourcenschonende Bewirtschaftungsformen, urbane Konzepte schaffen lebenswerte Räume, politische Weichenstellungen lenken Flächennutzung in nachhaltigere Bahnen. Die *politische ökologie* nimmt diese Entwicklungen in den Blick und zeigt, welche Wege in eine zukunftsfähige Landnutzung führen. Denn eins ist sicher: Nachhaltige Landnutzung entsteht nicht von allein – sie muss aktiv gestaltet werden.

Anke Oxenfarth
oxenfarth@oekom.de

Inhaltsverzeichnis

Bodenproben

Einstiege 12

Triebfeder für die Transformation 17
Nachhaltige Landnutzung
Von Katrin Martens

Flächenfieber

Von Wechselbeziehungen 26
Landnutzungsprozesse im historischen Wandel
Von Hauke Feddersen

Zwischen Fortschritt und Risiken 32
Digitale Transformation in der Landwirtschaft
Von Janes Grewer und Jana Zscheischler

Respekt und Rahmen müssen stimmen 39
Umgang mit Landnutzungskonflikten
Von Meike Fienitz

Bodenhaftung

46 Mehr als eine Definitionsfrage
Bodengesundheit
Von Katharina Bäumler

52 Zwischen Hoffnung und Hürdenlauf
Biodiversitätsförderung im Rahmen der Gemeinsamen Agrarpolitik
Von Ineke Joormann

58 Food and the City
Optionen und Grenzen nachhaltiger urbaner Landnutzung
Von Lisa Kaufmann

65 Wandel durch Ausprobieren
Transformation des urbanen Straßenraums
Von Jan Peter Glock

Land in Sicht

72 Regeneratives Wirtschaften ist möglich!
Transformatives Landschaftsmanagement
Von Johannes Halbe und Raissa Ulbrich

79 Sinniges Werkzeug für die Praxis?
Naturschutzlabel für Lebensmittel
Von Christoph Schulze und Bettina Matzdorf

85 Agrarflächen sichern
Potenziale regionaler Landwirtschaft
Von Veronika Jorch und Nadine Pannicke-Prochnow

91 Wege aus dem Landnutzungstrilemma
Transformationsstrategien
Von Pascal Grohmann und Katrin Martens

Impulse

Projekte und Konzepte   98

Spektrum Nachhaltigkeit

CO_2 auf Tauchstation   108
Kohlenstoffabscheidung und -speicherung in Deutschland
Von Moritz Hermsdorf, Markus Salomon und Sophie Schmalz

Am Scheideweg   112
Nationale Kreislaufwirtschaftsstrategie
Von Janine Korduan und Benedikt Jacobs

Wundergas oder Trojanisches Pferd?   116
Grüner Wasserstoff
Von Ingo Leipner

Rubriken

Editorial   7

Inhalt   9

Impressum   120

Vorschau   121

Für die sehr gute inhaltliche Zusammenarbeit und die finanzielle Unterstützung danken wir der

Das Trilemma der Landnutzung

„Die derzeitige Zerstörung, Degradation und Fragmentierung terrestrischer Ökosysteme beschleunigt den anthropogenen Klimawandel, treibt den Verlust von Biodiversität an und beeinträchtigt die Ernährungssicherung. Alle drei Krisen hängen jeweils auf ihre Weise mit der Nutzung von Landfläche oder terrestrischer Biomasse zusammen und wirken ihrerseits zurück auf die globale Landnutzung und die Landökosysteme. Der Versuch, diese Krisen abzumildern, kann den Druck auf das Land weiter erhöhen und Konkurrenzen befördern."

_ Quelle: WBGU – Wissenschaftlicher Beirat der Bundesregierung Globale Umweltveränderungen (2020): Landwende im Anthropozän: Von der Konkurrenz zur Integration. Berlin, S. 22.

Nötige Landwende

„[Es] geht um viel mehr als die Schaffung von Naturschutzflächen. Es geht um die Art, wie wir insgesamt mit dem Land umgehen. Es geht um Flächenversiegelung, Stoffeinträge, Nutzungsintensität und die effiziente Nutzung biogener Ressourcen. Immense Flächen werden Tag für Tag durch Siedlungen und Verkehr versiegelt. Die Landwirtschaft setzt zu viele Agrochemikalien und Düngemittel ein und schadet damit Umwelt und Böden. Unsere Ernährung benötigt deutlich zu viele Flächen. Nachhaltiges Wirtschaften zahlt sich für Waldbesitzende nicht aus. Eine Landwende ist dringend notwendig, nicht zuletzt aufgrund der hohen Konkurrenz um Flächen – auch weltweit."

_ Quelle: Öko-Institut (2024): Landwende – Strategien und Lösungen für eine nachhaltige Landnutzung. Policy Brief. S. 1 ff.

Bodenproben

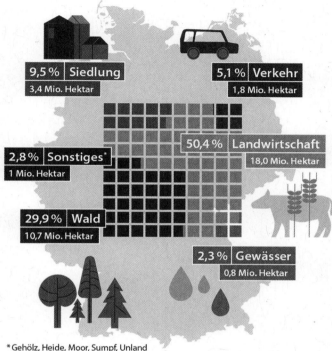

WAS AUF BODEN STATTFINDET
Flächennutzung in Deutschland, 2022

9,5 % Siedlung — 3,4 Mio. Hektar
5,1 % Verkehr — 1,8 Mio. Hektar
50,4 % Landwirtschaft — 18,0 Mio. Hektar
2,8 % Sonstiges* — 1 Mio. Hektar
29,9 % Wald — 10,7 Mio. Hektar
2,3 % Gewässer — 0,8 Mio. Hektar

*Gehölz, Heide, Moor, Sumpf, Unland

_ Quelle: Bodenatlas 2024, Eimermacher/STOCKMAR+WALTER Kommunikationsdesign, CC BY 4.0. www.boell.de/bodenatlas

„Die ganze Gesellschaft ist herausgefordert, weil es um ihre Existenzgrundlage geht. Um Essen, Wohnen, Kleidung, Reisen, Gesundheit, denn alles hängt mit dem Boden zusammen, und er ist – nicht zuletzt – der dritte Produktionsfaktor neben Kapital und Arbeit. Diese ganze Gesellschaft ist zuallererst gefordert, ein neues Bewusstsein, Demut und Respekt für den Boden zu erlernen."

_ Quelle: Busse, T. / Grefe, C. (2024): Der Grund. Die neuen Konflikte um unsere Böden – und wie sie gelöst werden können. München, S. 323.

Nachhaltige Landnutzung

Mit multifunktionalen und integrierten Flächennutzungskonzepten in Stadt und Land kann die Flächenneuinanspruchnahme (FNI) reduziert werden; gleichzeitig steigert ein angemessenes Wohnraumangebot sowie eine gesunde Ernährung und Lebensführung die Lebensqualität.

Infografik: helengruber.de

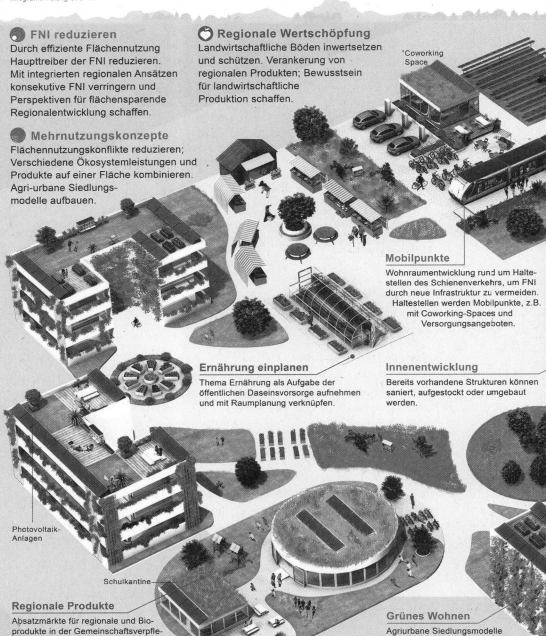

FNI reduzieren
Durch effiziente Flächennutzung Haupttreiber der FNI reduzieren. Mit integrierten regionalen Ansätzen konsekutive FNI verringern und Perspektiven für flächensparende Regionalentwicklung schaffen.

Mehrnutzungskonzepte
Flächennutzungskonflikte reduzieren; Verschiedene Ökosystemleistungen und Produkte auf einer Fläche kombinieren. Agri-urbane Siedlungsmodelle aufbauen.

Regionale Wertschöpfung
Landwirtschaftliche Böden inwertsetzen und schützen. Verankerung von regionalen Produkten; Bewusstsein für landwirtschaftliche Produktion schaffen.

*Coworking Space

Mobilpunkte
Wohnraumentwicklung rund um Haltestellen des Schienenverkehrs, um FNI durch neue Infrastruktur zu vermeiden. Haltestellen werden Mobilpunkte, z.B. mit Coworking-Spaces und Versorgungsangeboten.

Ernährung einplanen
Thema Ernährung als Aufgabe der öffentlichen Daseinsvorsorge aufnehmen und mit Raumplanung verknüpfen.

Innenentwicklung
Bereits vorhandene Strukturen können saniert, aufgestockt oder umgebaut werden.

Photovoltaik-Anlagen

Schulkantine

Regionale Produkte
Absatzmärkte für regionale und Bioprodukte in der Gemeinschaftsverpflegung in Schulen, Kitas, Krankenhäusern, Pflegeheimen schaffen.

Grünes Wohnen
Agriurbane Siedlungsmodelle bringen eine wohnortnahe Produktion frischer Lebensmittel.

Dichtekonzept
Zulässige Geschosshöhen ausnutzen.

Gemeinsam stärker
Interkommunale Kommunikation z.B. bei Wohn-, Arbeits- und Mobilitätskonzepten.

Siedlungs- und Verkehrfläche (SuV)
in Deutschland 2023

14,5 % SuV-Fläche

Aufteilung dieser Siedlungs- und Verkehrsflächen

- 35 % Verkehr
- 27 % Wohnen
- 12 % Industrie & Gewerbe
- 26 % sonstige SuV-Flächen (z.B. Sand-/Kiesabbau)

Primäre FNI-Hauptreiber / Vor allem konsekutive FNI

Aktuelle FNI in Deutschland:
52 Hektar pro Tag
Das entspricht 73 Fußballfeldern

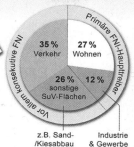

Effizient kombinieren
Z.B. Agrarholzanbau und Bio-Landwirtschaft für Wasserschutz und Trinkwassergewinnung, Paludikulturbiomasse für regionale Energiegewinnung und Klimaschutz, PV-Anlagen kombiniert mit Obstanbau.

Landwirtschaftliche Flächen sichern
Vorrang- und Vorbehaltsgebiete für die Landwirtschaft in der Regionalplanung ausweisen.

Regionale Wertschöpfung
Möglichst viele Produkte regional anbauen, verarbeiten und nutzen.

Mehrfachnutzung von Anbauflächen
Mit Produktionsintegrierten Kompensationsansätzen Naturschutz in Land- und Forstwirtschaft integrieren.

Demografie beachten
Gebäude mit Wohnungstypen von Mikro- bis zu Mehrgenerationenapartments.

Baustoffe recyceln
Baumaterialien wie z.B. Beton aufbereiten und wiederverwenden.

Klimaschützer Paludikultur
Moor als CO_2-Speicher schützen und in Paludikultur nutzen, z.B. mit Wasserbüffeln oder Biomassenutzung für Baustoffe.

vertikale Begrünung

_ Quelle: Pannicke-Prochnow, N. / Reißmann, D. / Jorch V., (2024): Integrierte regionale Ansätze für eine effiziente Flächennutzung in Stadt und Land. IÖR Schriften Nr. 82: Flächennutzungsmonitoring XVI. © Umweltbundesamt 2024.

Bodenproben

„Kauft Land, sie machen es nicht mehr."

Mark Twain,
amerikanischer Schriftsteller (1835-1910).

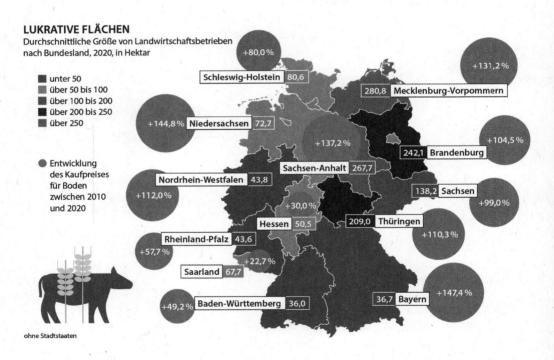

_ Quelle: Bodenatlas 2024, Eimermacher/STOCKMAR+WALTER Kommunikationsdesign, CC BY 4.0. www.boell.de/bodenatlas

Nachhaltige Landnutzung

Triebfeder für die Transformation

Land ist eine gefragte Ressource. Die Menge ist begrenzt, die Nachfrage danach wächst dennoch stetig. In Zeiten zunehmender Flächenkonkurrenz und ökologischer Herausforderungen braucht es soziale Innovationen durch kollektives Handeln und neue Kooperationsformen. Eine Einführung in das Schwerpunktthema.

Von Katrin Martens

Vereinzeltes Glockenläuten, Vögel zwitschern, ein Schnauben. Hoch oben in den Schweizer Alpen döst Kuh Berta in der Mittagssonne. Bertas Besitzerin gehören auf dieser Alm noch weitere Kühe, jedoch ist sie nicht die Eigentümerin der Alm und hat auch kein Anrecht auf alleinige Nutzungsrechte durch die Zahlung von Pacht. Alle Landwirt*innen treiben hier seit Generationen ihr Vieh in den Sommermonaten auf die hochgelegenen Wiesen. Untereinander wird ausgehandelt, wie die Ressource Land bestmöglich zugänglich gemacht und geschützt werden kann und sich Arbeitsschritte – wenn möglich – kombinieren lassen, um Zeit und Geld für alle zu sparen. Dieses Beispiel ist nur eins von vielen. Beobachtungen der Wirtschaftswissenschaftlerin und Nobelpreisträgerin Elinor Ostrom zeigen, dass Menschen durch kollektives Handeln nachhaltigere Praktiken des Zusammenlebens finden. Trotz dieser und zahlreicher anderer Erfolgsrezepte, spitzt sich in der Praxis die Herausforderung einer nachhaltigen Landnutzung immer weiter zu. Es ist Zeit, sich intensiv mit der Thematik auseinanderzusetzen.

Nachhaltige Landnutzung bedeutet Land so zu bewirtschaften, dass keine Nutzung auf Kosten anderer Nutzer*innen, zukünftiger Generationen, Regionen, Lebewesen oder Ressourcen erfolgt. Sie gelingt durch eine bewusste und proaktive Gestaltung, die Vermittlung aller Landnutzungsinteressen, ko-produktive Bewirtschaftung sowie die Integration ökologischer, ökonomischer und sozialer Aspekte. Diese Definition, wie auch das ganze Thema nachhaltige Landnutzung, skizziert die Komplexität der heutigen Zeit wie kein anderes. Land wird von immer mehr Nutzungsarten beansprucht. Ob für die Lebensmittelproduktion, den Straßenbau (vgl. S. 65 ff.), Naturschutzgebiete, Windparks, Industrieflächen, als Baugrund für das lang ersehnte Eigenheim oder auch zur Spekulation – die Ansprüche an die Ressource Land sind vielfältig. Immer vielfältiger sind auch die Akteur*innen, die diese Ansprüche geltend machen wollen. Die Komplexität spiegelt sich in einer zentralen Problematik wider: Land ist eine knappe und bedrohte Ressource, der Zugang dazu ist begrenzt. Die Folge: steigende Preise, Übernutzung der Ressource Land und zunehmende gesellschaftliche Konflikte (vgl. S. 39 ff.).

Um diese Gemengelage zu greifen, hilft es, sich Theorien der Wirtschaftswissenschaften anzuschauen. Land ist Grundlage für die Produktion von Gütern, die sich durch Rivalität und Ausschließbarkeit charakterisieren lassen. Private Güter, wie Nahrungsmittel oder auch Land an sich, stehen in begrenzter Anzahl zur Verfügung und sind nicht für alle zugänglich. Damit unterscheiden sie sich von öffentlichen Gütern wie Biodiversität oder Sauerstoff. Niemand kann vom Konsum von Sauerstoff ausgeschlossen werden und unter normalen Bedingungen gibt es genug Sauerstoff für alle, es gibt keine Knappheit, keine Konkurrenz. Für andere öffentliche Güter sieht das leider nicht mehr so aus. Täglich lesen wir in den Medien über den Verlust der Biodiversität, den Anstieg an Treibhausgasen in der Atmosphäre, oder den sogenannten Welterschöpfungstag (Earth Overshoot Day).

Keine klaren Verantwortlichkeiten

Wir sind als Gesellschaft auf die Produktion öffentlicher Güter angewiesen. Während private Güter oft klaren Eigentumsverhältnissen unterliegen und dadurch ihre Regelung leichter zu sein scheint, stellt das Management öffentlicher und gemeinschaftlicher Güter eine besondere Herausforderung dar, da sie für alle zugänglich, aber von niemandem allein zu kontrollieren sind. Hierdurch entstehen Spannungsfelder und viele offene Fragen: Welche Verantwortung tragen etwa Landbesitzer*innen, wenn es um den Erhalt von Gütern wie Sauerstoff und Trinkwasserspeicher geht? Noch spezifischer gefragt, muss sich das Aldi Nord Management, als einer der größten Flächeneigentümer in Deutschland, Gedanken über Kriterien der Verpachtung machen, oder ist dies Aufgabe der Regierung? Welche Verantwortung tragen wir als Konsument*innen (vgl. S. 79 ff.), welche Verantwortung trage ich als stolze Besitzerin einer neuen automatischen Bewässerungsanlage in meinem Garten in Brandenburg? Und warum müssen wir uns diese Fragen eigentlich jetzt stellen?

Nicht wirklich auf dem Schirm

Das Thema Land stand von Anfang an auf der internationalen politischen Nachhaltigkeitsagenda, bekommt jedoch bis heute nicht die benötigte Aufmerksamkeit. Sowohl in wegweisenden Dokumenten und Veranstaltungen wie dem Brundtland-Bericht (1987) und der Rio-Konferenz (1992) sowie der daraus entstandenen Agenda 21 finden sich Forderungen nach integrierterer Planung, dem Schutz von Land vor Wüstenbildung, der Prävention von Bodenerosion, der Förderung einer nachhaltigeren Landwirtschaft, sowie nach Schutz der biologischen Vielfalt und Bekämpfung der Entwaldung. Auch in den 2015 beschlossenen Nachhaltigen Entwicklungszielen (Sustainable Development Goals, SDGs) der Vereinten Nationen werden diese Themen weiter angeführt, beanspruchen jedoch kein eigenes Ziel, sondern sind als Querschnittsthema in mehreren Zielen zu finden. Die Ressource Land spielt zunächst eine zentrale Rolle in der Armutsbekämpfung, etwa durch den Zugang zu Land (SDG 1.4), sowie bei der Förderung resilienter landwirtschaftlicher Praktiken zur Hungerprävention (SDG 2.4) und zur Vorbeugung klimabedingter Gefahren (SDG 13.1).

Historisch und geografisch bedingt, hat jedes Land dabei eigene Herausforderungen. In Deutschland wurde unter anderem für die Umsetzung der Agenda 21 im Jahr 1995 eine Enquetekommission einberufen mit dem Titel „Schutz des Menschen und der Umwelt". Diese Enquetekommission maß der Ressource Land für Deutschland einen hohen Stellenwert bei und betonte die Notwendigkeit, den

Flächenverbrauch zu reduzieren, die Bodenversiegelung und -verdichtung zu minimieren und eine integrierte Raumplanung zu entwickeln (vgl. S. 46 ff.). Der 2001 ins Leben gerufene Rat für Nachhaltige Entwicklung initiierte den „Dialog Fläche" und legte damit den Grundstein für das 30-Hektar-Ziel der Nationalen Nachhaltigkeitsstrategie von 2002, indem sich die Bundesregierung verpflichtete, bis 2020 die tägliche Versiegelung von Fläche vom damaligen Niveau (über 120 Hektar pro Tag) auf 30 Hektar pro Tag zu reduzieren. Die Erreichung dieses Ziels wurde mittlerweile auf 2030 verschoben. 2022 wurden noch circa 52 Hektar pro Tag versiegelt.
Ein wichtiger Meilenstein, um das Thema nachhaltige Landnutzung in Deutschland weiter in den Mittelpunkt zu rücken, war das Gutachten des Wissenschaftlichen Beirats der Bundesregierung Globale Umweltveränderungen (WBGU) zum Thema „Landwende im Anthropozän" aus dem Jahr 2020, in dem vom Trilemma der Landnutzung gesprochen wird (vgl. S. 12). Dies verdeutlicht die komplexen Nutzungsansprüche, die an Land gestellt werden, und zeigt ihre Interdependenzen auf. Eine nachhaltige Landnutzung und das entsprechende -management muss die drei Themen Klimaschutz, Biodiversitätserhaltung und Ernährungssicherung abdecken. All diesen Bemühungen zum Trotz, zeigt ein Vergleich der planetaren Belastbarkeitsgrenzen von 2009 und 2023 global eine dramatische Verschlechterung wichtiger Grenzen, die die Landnutzung betreffen. In Deutschland wurden politische Ziele in den Bereichen Biodiversitätssteigerung (vgl. 52 ff.), Management und Ausweisung von Naturschutzgebieten, Verringerung der Nitratzufuhren auf Agrarland oder der Verringerung der Flächenversiegelung nicht eingehalten oder teilweise verschoben, was mitunter hohe Strafzahlungen an die EU zufolge hat.

Innovationen neu definieren

Warum existiert diese gewaltige Lücke zwischen Wissen und Umsetzung? Wie können wir uns als Gesellschaft in die Lage versetzen, Lösungen zu erarbeiten, die eine nachhaltige Landnutzung auf allen Ebenen – von individuell bis international – umsetzbar machen? Braucht es noch mehr Förderungen, bessere Planbarkeit, weniger Bürokratie? Ja. Außerdem braucht es Einsicht, dass wir mit dem immer noch dominierenden Verständnis von technischer Innovation und der damit einhergehenden Förderpolitik grundsätzlich an Grenzen kommen und diese vielleicht schon überschritten haben. Warum? Vereinfacht dargestellt sind Innovationen ein wichtiger Wirtschaftsmotor für Unternehmen und Politik. Die Bereitschaft des Staates und der Anreiz von Unternehmen in die Entwicklung von Innovationen zu investieren, liegt darin, dass Unternehmen gewisse Marktvorteile haben in dem Moment, in dem sie die einzigen sind, die das neue Produkt anbieten können. Das ist ein System, das durch Nachfrage und Angebot gut geregelt ist. Viel schwerer ist es, den Anreiz und damit die Investitionsbereitschaft zu finden, wenn es darum geht, Innovationen zu entwickeln, die Antworten auf die multiplen Krisen unserer Zeit präsentieren.

> „Es geht darum, für eine Gesellschaft tragbare Lösungen zu entwickeln, die nachhaltiger sind und sie resilienter machen. Dazu müssen soziale und technische Innovationsprozesse zusammengedacht werden."

Einen Versuch macht hier die soziale Innovationsforschung. Im Kern zielen soziale Innovationen darauf ab, neue und kollektiv legitimierte Praktiken zu etablieren. Dabei bedeutet neu nicht zwangsläufig, dass diese Praktiken noch nie existiert haben – ganz im Sinne des Innovationsbegriffs kann auch die Wiederbelebung traditioneller Methoden oder die Anpassung bestehender Praktiken der Landnutzung an neue Kontexte eine soziale Innovation darstellen. Soziale Innovationen können als ein Prozess des gemeinschaftlichen Schaffens verstanden werden, bei dem die Mitglieder einer bestimmten Gruppe lernen, neue Ideen zu entwickeln, und neue Regeln für die Zusammenarbeit und den Umgang mit Konflikten aufstellen. Dabei entsteht eine neue soziale Praxis und die Beteiligten erwerben wichtige kognitive, rationale und organisatorische Fähigkeiten. Genau diese transformative Kapazität und die Bündelung heterogener Ressourcen durch neue methodische Ansätze (vgl. S. 72 ff.) braucht es, um nachhaltige Landnutzung in ihrer dargelegten Komplexität zu beschleunigen. Auch werden in der sozialen Innovationsforschung die Rolle von ländlichen Räumen als Innovationsorte und deren spezifische Historien (vgl. S. 26 ff.) und Potenziale, vor allem in Bezug auf die nachhaltige Transformation, breit diskutiert (vgl. S. 91 ff.).

Der Innovationsbegriff bekommt in diesem Kontext ein neues Gewand. Es geht nicht um die Nutzenmaximierung einzelner Akteur*innen, die Entwicklung des nächsten Patentes und die Monopolrente als Handlungsanreiz. Es geht vielmehr darum, für eine Gesellschaft tragbare Lösungen zu entwickeln, die nachhaltiger sind und sie resilienter machen. Dazu müssen soziale und technische Innovationsprozesse zusammen gedacht werden. In der Forschung steigt das Interesse an sozialen Innovationen seit Jahren. Allerdings steht die praktische Förderung sozialer Innovationen noch am Anfang. In Deutschland gibt es erste Ansätze, die versuchen, soziale Innovationen und deren Output messbar zu machen, ein gemeinsames Verständnis zu schaffen und Politiken zu deren Förderung zu entwickeln. Erst 2023 wurde von der Bundesregierung eine Nationale Strategie für Soziale Innovationen und Gemeinwohlorientierte Unternehmen veröffentlicht.

Soziale Innovationsfähigkeit ist erlernbar

Im Gegensatz zu technischen Innovationen ist der soziale Innovationsansatz integrativer in dem Sinne, dass nicht ausschließlich Unternehmen oder der Staat Innovationstreiber sind, sondern die Zivilgesellschaft und gesellschaftliches Engagement eine bedeutende Rolle spielen. Die soziale Innovationsforschung untersucht, wie sich bestimmte Menschengruppen finden und zusammenarbeiten, um ein sozial angestrebtes Ziel zu verfolgen. Ein Kernelement sozialer Innovationen ist Kooperation. Ein Mensch alleine kann die hier skizzierte Komplexität nicht greifen oder gar managen. Diese Erkenntnis braucht vielleicht keine Forschung. Aber hinter der Frage, wie wir miteinander kooperieren müssen, um nachhaltige Landnutzung flächendeckend umzusetzen, stehen viele Fragezeichen. Wir leben in einer komplexen Gesellschaft, die ohne Kooperation nicht zustande gekommen wäre. Kooperation ist Fluch und Segen zugleich. Haben wir bislang vor allem gelernt, wie wir auf dem Markt unsere Ressourcen und Fähigkeiten bestmöglich einsetzen, um Transaktionskosten zu minimieren, Konkurrenz auszuschalten und Renditen zu erhöhen, müssen wir nun wieder lernen, uns neue Regeln des Handelns anzueignen und Ressourcen und Fähigkeiten so zu kombinieren, dass überstrapazierte planetare Grenzen eingehalten werden. Wir müssen soziale Innovationsfähigkeit lernen. Denn: Innovationsprozesse sind häufig mit Unsicherheiten verbunden, die viele Menschen generell lieber vermeiden möchten. In der Entwicklung technischer Innovationen werden diese Unsicherheiten durch vorhandenes Kapital und Verträge abgesichert, durch hohe Investitionen minimiert und durch den Anreiz einer anfänglichen Monopolrente in Kauf genommen. Akteure, die soziale Innovationsprozesse starten, haben zumeist eine andere und vielschichtigere Motivation für ihr Handeln. Außerdem führt die Tatsache, dass gleich mehrere Akteursgruppen aufeinandertreffen, nicht selten zu zusätzlichen Unsicherheiten und Konflikten, insbesondere dann, wenn die Ergebnisse ungewiss bleiben.

Passendes Erfolgsrezept finden oder selbst backen
Wie bereits geschildert, mangelt es nicht am Wissen darüber, wo die globalen wie nationalen Probleme bei der aktuell dominierenden Landnutzung liegen. Die Tragik dabei: Auch an Erfolgsrezepten für eine nachhaltige Landnutzung mangelt es nicht. Es gibt eine Vielzahl an technischen und organisatorischen Innovationen und Lösungsvorschlägen, wie Landnutzung nachhaltiger werden könnte (vgl. 85 ff.). Sei es die neueste Maschinentechnik zur Verhinderung der Verdichtung von Flächen, der Einsatz von Feldrobotern und Digitalisierung, die Etablierung von Agrophotovoltaik zur Doppelnutzung von Flächen, Konzepte wie die Agrarökologie und die Ausweisung von Biosphärenreservaten oder die Etablierung eines Naturschutzlabels (vgl. 79 ff.). In städtischen Gebieten werden Ideen wie die partizipative Regionalentwicklung oder innovative urbane Ernährungssysteme erprobt (vgl. 58 ff.). Auch politische Bemühungen auf Landes-, nationaler und europäischer Ebene, die versuchen, an diesen Herausforderungen anzusetzen, gibt es viele. Um nachhaltige Landnutzung Realität werden zu lassen, müssen wir vom bloßen Entwerfen guter Rezepte zum gemeinsamen Backen übergehen.

Soziale Innovationen, in Form von Alpgenossenschaften, gab es bereits im Mittelalter. Eine der ersten wurde 1260 erwähnt. Dorgemeinschaften in der Schweiz kamen zusammen, um die gemeinschaftliche Nutzung von Almwiesen zu organisieren. Heute stehen nicht nur Dorfgemeinsaften, sondern wir alle vor neuen Herausforderungen: Vielleicht ist es an der Zeit, dass wir nicht nur die Kühe, sondern auch uns selbst aus der Komfortzone treiben.

Danksagung
Die Vereinigung für ökologische Wirtschaftsforschung (VÖW) dankt als Mitherausgeber dieses Schwerpunktes der *politischen ökologie* ganz herzlich Sabine Neuberger, Ineke Joormann, Christoph Schulze, Meike Fienitz und Katrin Martens für ihr Engagement.

Literatur
Eine ausführliche Liste der verwendeten Literatur stellt die Autorin auf Anfrage gern zur Verfügung.

Welchen Zauberstab würden Sie wählen, um Ödland zu revitalisieren?
Mein Zauberstab heißt Colorix – er verwandelt braune Tristesse in blühende Vielfalt.

Zur Autorin
Katrin Martens ist Geographin, Ressourcenmanagerin und promovierte Agrarökonomin. Sie arbeitet am Seminar für ländliche Entwicklung der HU Berlin sowie am Berlin Institute for Cooperative Studies.

Kontakt
Dr. Katrin Martens
Thaer-Institut für Agrar- und Gartenbauwissenschaften
Humboldt Universität zu Berlin
E-Mail katrin.martens@hu-berlin.de

  © 2025 bei der Autorin; Lizenznehmer oekom. Dieser OpenAccess-Artikel wird unter einer Creative Commons Namensnennung 4.0 International Lizenz (CC BY) veröffentlicht.
https://doi.org/10.14512/POE012025017

FLÄCHENFIEBER

Land ist eine begrenzte Ressource, doch die Nachfrage danach wächst unentwegt. Nutzungskonflikte sind die Folge. Gesellschaftliche Prozesse formen die Landschaft – von historischer Flurbereinigung bis zur digitalisierten Flächenbearbeitung. – Was können wir aus der Vergangenheit für die Zukunft lernen? Wie sieht ein guter Umgang mit Landnutzungskonflikten aus? Was bringt die digitale Transformation der Landwirtschaft?

Landnutzungsprozesse im historischen Wandel

Von Wechselwirkungen

Wie Land in einer Region genutzt wird, ist immer in größere Zusammenhänge eingebettet. Der Blick zurück auf die Entwicklung Nordfrieslands verdeutlicht die Komplexität der Interaktion zwischen gesellschaftlichen Prozessen und lokaler Landnutzung. Daraus lassen sich Lehren für zukünftige Transformationen ziehen.

Von Hauke Feddersen

Menschen haben seit jeher die Umgebung, in der sie leben, genutzt, gestaltet und verändert. Sei es durch die Rodung der Wälder Englands in der frühen Neuzeit oder jene für den Bau der Gigafactory in Brandenburg. Übergeordnete gesellschaftliche Prozesse und Entwicklungen transformieren stets die Beziehung zu und die Nutzung von Land und Umwelt. In Anbetracht der multiplen ökologischen Krisen wie dem Klimawandel oder dem Artensterben rücken diese gesellschaftlichen Prozesse in der wissenschaftlichen und politischen Debatte in den Vordergrund. Denn um die Krisen zu bewältigen, ist eine grundlegende soziale und ökologische Transformation in der Landnutzung notwendig.

Um zu beleuchten, wie gesellschaftliche Prozesse die Landnutzung beeinflussen und inwieweit sich diese Prozesse steuern lassen, hilft ein exemplarischer Blick auf die Landnutzung in Nordfriesland in Schleswig-Holstein in den letzten 70 Jahren. Hier kam es seit der Entstehung der Bundesrepublik Deutschland zu mindestens zwei sozial-ökologischen Transformationen, die die Nutzung von Land radikal verändert haben und aus welchen sich Lehren für heutige Transformationsbedarfe ziehen lassen. Das sogenannte „Programm Nord", eines der größten Flurbereinigungsprogramme Deutschlands seiner Zeit, dass von 1953 bis circa 1988 durchgeführt wurde, stellt die erste hier zu nennende sozial-ökologische Transformation dar. Die zweite ist die Energiewende, die seit etwa 1991 in dieser Region zu beobachten ist. Beide Transformationen haben zu einer wesentlichen Verbesserung der Lebensbedingungen der Menschen vor Ort geführt und jeweils das Landschaftsbild komplett verändert.

Flurbereinigung in Nordfriesland

Um die Entwicklungen des Programms Nord nachvollziehen zu können, muss die historische Situation der Küstenregion kurz erläutert werden. Die Küste Nordfrieslands ist seit Jahrhunderten von Veränderungen und einem Ringen der Menschen mit dem Meer um Land geprägt. Ein Wahlspruch dieser Region lautet daher „Gott schuf das Meer, der Friese die Küste". In diesem Sinne kann auch das Programm Nord gesehen werden. Im großen Stil begradigte man Auen, um das meist moorige und nasse Land zu entwässern. Zudem wurden weite Teile der Nordsee eingedeicht, um landwirtschaftliche Flächen zu gewinnen. Außerdem wurden zahlreiche Straßen neu gebaut oder befestigt. Darüber hinaus modernisierte man Höfe und führte umfassende Bodenverbesserungsmaßnahmen durch. Es wurde viel investiert, um der lokalen (Land-)Wirtschaft zu helfen. In den 1950er-Jahren bestellten viele Landwirt*innen in der Region ihre Felder noch mit Pferd und Ochse, doch mit dem Programm Nord begann ein enormer technischer Aufschwung. Das Programm führte dazu, dass moderne Schlepper in der lokalen Landwirtschaft Sinn ergaben, da erst durch dieses Programm größere Felder eingerichtet und befestigte Straßen von Hof zu Feld gebaut wurden.

Vor allem auf der Geest – einem breiten, sandigen und vormals von Mooren und Heide geprägten Landstrich – wurde die Spezialisierung auf Milchwirtschaft vorangetrieben. Prozesse der Mechanisierung, Spezialisierung und Rationalisierung haben somit einerseits das berühmte „Wachsen oder Weichen" in der lokalen Landwirtschaft ausgelöst, andererseits hat es viele Betriebe aus der Armut herausgeholt und den Menschen vor Ort zu verbesserten Lebensbedingungen verholfen. (1)

Hier ist insbesondere auch der Ausbau der Straßen zu nennen, der auch die Entwicklung des motorisierten Individualverkehrs vorbereitet hat. Die Verbreitung des Autos hat neben dem lokalen Gewerbe vor allem auch Frauen geholfen, unabhängig von Männern mobil zu sein. Durch dieses staatliche Förderprogramm wurde sowohl die Landschaft komplett umgebaut, als auch das soziale Leben in breitem Maßstab verbessert.

Die Energiewende aus Bürgerhand
Seit den frühen 1990er-Jahren ist mit Beginn der Energiewende eine zweite sozial-ökologische Transformation in der Landnutzung Nordfrieslands zu beobachten. Der steigende Rationalisierungsdruck, aber auch die zunehmende Einbindung in globale Handelsketten stellte die lokale Landwirtschaft in Nordfriesland in den 1990er-Jahren vor zunehmende Probleme. Da es in der Region diverse Testfelder für Windkraftanlagen gab, überlegten einige Landwirt*innen, ihre Betriebskosten durch eine eigene windbetriebene Stromproduktion zu senken. Um die hohen Investitionskosten zu bewältigen, taten sie sich mit weiteren Bürger*innen im Friedrich-Wilhelm-Lübke-Koog zusammen und errichteten den ersten Bürger*innenwindpark Deutschlands. Durch neue rechtliche Sicherheiten wie dem Stromeinspeisegesetz von 1991 verbreitete sich dieses Modell in Nordfriesland rasch von Dorf zu Dorf. Heute gilt Nordfriesland mit weit über 800 Windkraftanlagen als führende Region im Ausbau der Windenergie. Der interessante Aspekt hierbei ist, dass etwa 90 Prozent dieser Anlagen in Bürger*innenhand sind und somit nicht nur die Gewerbesteuer, sondern auch die Einkommenssteuer und die Gewinne in der Region verbleiben. (2)
So verwundert es nicht, dass vielerorts die Glasfaseranbindung, Zuschüsse für Schwimmbäder, Feuerwehren und Gemeindehäuser von den Gesellschaften mitfinanziert werden. Viele Gemeinden fordern daher einen rascheren Ausbau der erneuerbaren Energien. Der enorme landschaftliche Umbau in Nordfriesland ist somit weitestgehend als ein sogenannter Bottom-up-Prozess zu beschreiben. Aus dieser Entwicklung kommend, haben sich viele lokale Firmen gegründet, die auf die Wartung und Planung erneuerbarer Energieprojekte spezialisiert sind und ihr Geschäftsmodell auf Solar- und Biogasanlagen erweitert haben. Die regionale

Strom- und Wärmeversorgung wird daher vielerorts zusammen gedacht. Die erneuerbaren Energien stellen mittlerweile ein zentrales wirtschaftliches Standbein der Region dar. Die hohe Zustimmung zu den erneuerbaren Energien ist jedoch nicht allein aus ihren ökonomischen Vorteilen zu erklären. Mit dem Strukturwandel in der Landwirtschaft haben viele ländliche Gemeinden auch mit einem Rückgang des gemeinschaftlichen Lebens zu kämpfen. Durch die Bürger*innenwind- und solarparks verfügen Gemeinden jedoch erstens wieder über finanzielle Mittel, das Dorfleben attraktiv zu gestalten, und zweitens entstehen neue und verbindende Gesprächsthemen und Anknüpfungspunkte. Durch Mitgliederversammlungen und gemeinsame Aktivitäten gibt es eine neue und nicht zu unterschätzende Triebkraft, um die Gemeinschaft in ländlichen Räumen zu stärken.

Ungewollte Nebeneffekte
Nordfriesland ist im Zuge dieser Transformationen von einer der ärmsten Regionen Deutschlands in den 1950er-Jahren zu einer der Regionen mit dem stärksten Pro-Kopf-Einkommen geworden. (3) – Ist die beschriebene Entwicklung daher als eine reine Erfolgsgeschichte zu betrachten, in der eine staatliche geförderte Transformation in eine ökologische Bottom-up-Transformation gemündet ist?
Bei genauerem Hinschauen ist es wenig verwunderlich, dass die Geschichte komplexer ist als angenommen. Beginnend bei der Flurbereinigung, dem Programm Nord, ist festzuhalten, dass dieses damals 1,6 Milliarden D-Mark schwere Programm aufgrund zweier übergeordneter gesellschaftlicher Prozesse initiiert wurde. Zuerst war es ein Programm, um die Lebensmittelversorgung in Deutschland nach dem Zweiten Weltkrieg sicherzustellen. Zudem galt es, die nationale Integrität an der deutsch-dänischen Grenze zu wahren. Die dänische Minderheit in der Region bekam aufgrund der prekären wirtschaftlichen Verhältnisse viel Zuspruch in der lokalen Bevölkerung, zumal es den dänischen Nachbarn erstens wirtschaftlich besser ging und zweitens die Abstimmung über den Grenzverlauf noch nicht lange her war. Weiter ist zu bedenken, dass es mit dem schleswig-holsteinischen Landschaftspflegegesetz von 1973 erstmals ein Gesetz zum Schutz der Natur in Deutschland gab. Ökologische Folgen in Form von Dürren auf einstigem Grünland und giftigen Ockerauswaschungen durch die intensive Flurbereinigung wurden erstmals in den

Jahren 1975/76 beobachtet. Lokale Stickstoffübersättigungen in Gewässern, aber auch der Verlust der Artenvielfalt und die großflächige Verbreitung invasiver Pflanzenarten nahmen zudem ihren Ausgangspunkt in diesem Top-down-Prozess. Die ökologischen Folgen des Programms Nord waren nicht intendiert, aber massiv. (4) Der regionalen Energiewende darf in diesem Zusammenhang ebenfalls kein idealistisch motivierter Masterplan zugeschrieben werden. Die Nutzung der Windkraft war zunächst rein ökonomisch motiviert. Der Klimawandel hat damals in den Entscheidungen der Menschen eine untergeordnete Rolle gespielt. Zudem ist auffällig, dass auch wenn die meisten Wind- und Solarparks in Bürger*innenhand sind, dies überwiegend Männerhände sind. Insofern kann zwar von einer Demokratisierung der Energieproduktion gesprochen werden, Geschlechterungleichheiten wurden dabei jedoch verstetigt. (5)

Die ökologischen Folgen, die auch oft als „grün-grün- Konflikte" beschrieben werden, sind zudem vor allem beim Flächenverbrauch von Solar- und Biogasanlagen zu beobachten. Die Auswirkungen der neuen Möglichkeit, Windkraftanlagen seit 2023 auch in Landschaftsschutzgebieten aufstellen zu dürfen, gilt es noch zu beobachten. Die massivsten Konsequenzen sind jedoch auf den Bodenmärkten zu verzeichnen. Kaufpreise von über 40.000 Euro pro Hektar Ackerland sind keine Besonderheit mehr, sodass viele Landwirt*innen, aber auch der Naturschutz kaum mehr in der Lage sind, auf dem Markt um Land mitzubieten.

Wichtig: Offenheit für Lerneffekte

Nach diesem kurzen Überblick über die Entwicklungen in Nordfriesland bleibt festzuhalten, dass die Landnutzung einer Region immer in größere gesellschaftliche Zusammenhänge eingebettet ist. Seien es übergeordnete Top-down-Prozesse wie beim Programm Nord, das vom Bundesland und der Bundesregierung aufgesetzt wurde, oder Bottom-up-Prozesse wie die von Bürger*innen getragene Energiewende vor Ort – in beiden Fällen gibt es ungewollte Nebenfolgen. Große sozial-ökologische Transformationen der Landnutzung können insofern schwerlich in ihrer Komplexität und Wechselwirkung mit anderen Prozessen komplett überblickt und geplant werden. Um den multiplen Krisen dieser Zeit zu begegnen, braucht es dennoch eine Form von Planung und Steuerung.

Das Beispiel Nordfriesland zeigt, dass es wichtig ist, die Komplexität der Wechselwirkungen ernst zu nehmen und im Planungs- und Kommunikationsprozess offen für Lerneffekte zu sein. Um eine selbsttragende gesellschaftliche Dynamik zu entfalten, müssen auch Machtfragen ernst genommen werden. Breite gesellschaftliche Gruppen sollten daher an den jeweiligen Transformationen beteiligt werden, um die Vorteile sicht- und erfahrbar werden zu lassen. ▬

Literatur
(1) Heintze, U. (2023): Die Schleswigsche Geest im Lichte ihrer Struktur und Landschaftsveränderungen. In: Riedel, W. (Hrsg.): Zwischen Wildnis und Energielandschaft. Fallstudien zum Landschaftswandel heute. Husum, S. 53-86.
(2) Feddersen, H. / Engels, A. (2022): Klimaschutz in ländlichen Räumen. Klimapolitische Handlungsoptionen von (Land-)Kreisen. In: ZfU – Zeitschrift für Umweltpolitik & Umweltrecht (2/2022), S. 179–209.
(3) https://de.statista.com/statistik/daten/studie/1265065/umfrage/hoechste-verfuegbare-einkommen-privater-haushalte-je-einwohner-kreise/
(4) Heintze, U. / Riedel, W. (2021): Die schleswigsche Geest. Husum.
(5) Fraune, C. (2018): Bürgerbeteiligung in der Energiewende – auch für Bürgerinnen? In: Holstenkamp, L. / Radtke, J. (Hrsg.): Handbuch Energiewende und Partizipation. Wiesbaden, S. 759 – 768.

Welchen Zauberstab würden Sie wählen, um Ödland zu revitalisieren?
Den Zauberstab der widersprüchlichen Vielfältigkeit mit empathischem Kern.

Zum Autor
Hauke Feddersen studierte Sozialökonomie und Soziologie. Seit 2021 ist er Doktorand und wiss. Mitarbeiter in der Soziologie an der Universität Hamburg. Seit 2023 arbeitet er zudem im transdisziplinären Forschungsprojekt „Wissenstransfer-Netzwerk Obstbauböden im Alten Land" (WEBB).

Kontakt
Hauke Feddersen
Universität Hamburg
Fakultät für Wirtschafts- und Sozialwissenschaften
E-Mail hauke.feddersen@uni-hamburg.de

 © 2025 beim Autor; Lizenznehmer oekom. Dieser OpenAccess-Artikel wird unter einer Creative Commons Namensnennung 4.0 International Lizenz (CC BY) veröffentlicht.
https://doi.org/10.14512/POE012025026

Digitale Transformation in der Landwirtschaft

Zwischen Fortschritt und Risiken

Die Digitalisierung verändert die Landwirtschaft und damit unsere Landnutzung. Neben Chancen für eine nachhaltigere Landnutzung gehen mit digitalen Technologien aber auch vielfältige Unwägbarkeiten einher. Deshalb braucht es neue Ansätze für den Umgang mit unerwünschten Nebenwirkungen.

Von Janes Grewer und Jana Zscheischler

Nach einer Umfrage des Verbands Bitkom nutzten im Jahr 2024 bereits 90 Prozent der deutschen Landwirt*innen digitale Technologien für ihre Produktion – mit steigender Tendenz. Dies reicht von GPS-gesteuerten Landmaschinen (69%) über Farmmanagementsysteme (46%) bis hin zu Drohnen (23%) und Feldrobotern (5%). Die große Mehrzahl der Befragten sieht in der Digitalisierung der Landwirtschaft große Chancen, vor allem für eine umweltschonendere Produktion, höheres Tierwohl und geringere Kosten. Risiken hingegen stehen nur für wenige, meist kleinere Betriebe im Fokus. (1) Hier zeigt sich ein technologischer Fortschrittsoptimismus, der ungewollte Folgen übersieht. Die Technologiegeschichte der Landwirtschaft ist jedoch immer auch eine über unerwünschte Nebenwirkungen. Bereits die zunehmende Mechanisierung, neue Züchtungsmethoden oder Möglichkeiten der Agrar-Chemie führten zwar zu enormen Effizienzsteigerungen und steigenden Ernteerträgen. Zeitgleich gingen diese Entwicklungen aber auch mit negativen Auswirkungen einher, wie der Verschmutzung terrestrischer und aquatischer Ökosysteme oder Verlusten der Landschaftsvielfalt und der Biodiversität. Heute gilt die moderne Landwirtschaft als der weltweit größte Einzelverursacher globaler Umweltveränderungen. (2)

Die digitale Transformation kann als nächster großer evolutionärer Schritt in der Reihe sozio-technologischer Entwicklungen in der Landwirtschaft betrachtet werden. Unter Schlagworten, wie „Smart Farming" oder „Landwirtschaft 4.0" kündigen sich neue tiefgreifende Veränderungen an, die auch eine nachhaltigere Landnutzung versprechen. Digitale Technologien bergen aber auch vielfältige Risiken, die bislang wenig diskutiert und erforscht sind. Diese Risiken besser zu verstehen, ist jedoch eine wichtige Voraussetzung, um die Potenziale der digitalen Transformation für eine nachhaltigere Landwirtschaft heben zu können. Im Folgenden beschreiben wir drei Wirkungsbereiche: unerwünschte ökologische Auswirkungen, wachsende Abhängigkeiten für Landwirt*innen sowie Gefährdungen der Ernährungssicherheit.

Ökologische Auswirkungen

Digitale Technologien können in unterschiedlicher Weise ökologische Vorteile in der Landnutzung mit sich bringen. Mit den Möglichkeiten der Präzisionslandwirtschaft lassen sich beispielsweise Düngemittel oder Pestizide deutlich bedarfsgerechter einsetzen. Indem mittels luftbildgestützter Analysen nur diejenigen Flächen auf einem Acker mit erhöhtem Nährstoffbedarf gedüngt werden, können Betriebsmittel eingespart und Ökosysteme geschont werden. So wie Technologien keine neutralen Werkzeuge sind, sind digitale Technologien aber auch nicht grundsätzlich förderlich für die Ökologie. Die Wirkungsweise ist abhängig von deren Ausgestaltung und diese wiederum von den Zielsetzungen, Risikoabwägungen und Werten der Entwickler*innen, Anwender*innen und Regulierer*innen. Ein Feldroboter zur Beikrautbekämpfung kann so konzipiert sein, dass er nur diejenigen Beikräuter entfernt, die aufgrund ihrer Größe oder ihres Verbreitungsgrads markante Ertragseinbußen bei der Feldfrucht erwarten lassen, und andere, wie etwa gefährdete Pflanzenarten, gezielt stehen lässt. Wenn die Biodiversität bei der Entwicklung oder Anwendung hingegen unberücksichtigt bleibt, kann ein solcher Feldroboter möglicherweise noch präziser als bei früheren Bewirtschaftungsformen sämtliche Begleitvegetation entfernen und zum verstärkten Artenverlust beitragen. Wenn die dominierenden Leitbilder von maximaler Produktivität beibehalten werden und die Risiken negativer Begleiterscheinungen beim Innovationsdesign unbeleuchtet bleiben, besteht die Gefahr, dass digitale Technologien bestehende Umweltprobleme weiter verschärfen. Ökologische Nischen gehen verloren, wenn vormals schwer zugängliche Brachflächen mittels Feldrobotern wirtschaftlich nutzbar werden. Eine Egalisierung der Bodenverhältnisse durch smartes Düngen im Ackerschlag kann zum Verlust marginaler, also nährstoffarmer und ökologisch oft besonders wertvoller Teilstandorte führen. Durch den Trend zu immer komplexeren und größeren Maschinen kann sich die Unterordnung der Landschaft an neue Technologien fortsetzen, indem Schlaggrößen angepasst, wertvolle Saumstrukturen zerstört, und Böden verdichtet werden (vgl. S. 46 ff.).

Verschärfte Abhängigkeiten und Ungleichheiten
Auch für die Landwirt*innen und Unternehmen entlang der Wertschöpfungskette birgt die Digitalisierung in der Landwirtschaft sowohl Chancen als auch Risiken. Großes Potenzial bieten Erleichterungen für die landwirtschaftliche Arbeit, wie Entlastungen bei Routinetätigkeiten oder die Unterstützung für Entscheidungsfindungen durch bessere Vorhersagen und Echtzeitanalysen, zum Beispiel durch Wetterdaten oder das Detektieren von Krankheiten bei Kulturpflanzen. Allerdings können solche Systeme nicht nur die Entscheidungskompetenzen der Landwirt*innen einschränken, sondern auch bestehende Marktungleichheiten verschärfen. Denn digitale Technologien können zur Monopolbildung beitragen und Marktkonzentrationen verstärken, von denen neben multinationalen Agrarkonzernen insbesondere auch landwirtschaftsferne Techkonzerne profitieren. Während kleinere landwirtschaftliche Betriebe aufgrund hoher Investitionskosten weniger von der Digitalisierung profitieren, gelangen investitionswillige Landwirt*innen in neue Abhängigkeiten von Agrar- und Datenkonzernen, beispielsweise durch fehlende Produktauswahlmöglichkeiten oder sogenannte Lock-in-Effekte, weil vorhandene Daten nicht auf andere Anbieter übertragbar sind. Durch die Digitalisierung könnten sich Entwicklungen der Konzentration, die bereits seit Jahrzehnten in der Landwirtschaft zu beobachten sind, weiter verschärfen. (3)

Die Abhängigkeit von digitalen Anwendungen und Anbietern nimmt zu, wenn die Souveränität über die eigenen Daten verloren geht. So sind automatisierte Datenanalysen für die Nutzer*innen häufig intransparent und deren Qualität wird gegenüber eigenen Einschätzungskompetenzen fälschlicherweise oft überschätzt („automation bias"). Deshalb erfordert der souveräne Umgang mit digitalen Technologien von den Anwender*innen neues Wissen, zum Beispiel über die Funktionsweisen von Algorithmen, sowie Fähigkeiten, Daten kritisch zu analysieren und zu interpretieren. Schließlich birgt die vermehrte Nutzung digitaler Lösungen aber auch die Gefahr, dass früher erlerntes praktisches Erfahrungswissen durch nicht den Nichtgebrauch auf Dauer verloren geht und somit die Abhängigkeit von digitalen Anwendungen weiter steigt. (4)

Risiken für die Ernährungssicherheit

Einen dritten Wirkungsbereich betrifft die globale Ernährungssicherheit. Die Digitalisierung eröffnet auch hier neue Möglichkeiten, beispielsweise wenn es darum geht, Ernährungsengpässe frühzeitig zu erkennen. Es zeigen sich jedoch auch hier Risiken. So können digitale Technologien fehlerhafte Preissignale senden oder die Spekulation mit Agrarrohstoffen befeuern. Die so beeinflussten Marktpreise wirken sich wiederum auf das Anbauverhalten von Landwirt*innen aus und können auch produktionsseitig Ernährungsunsicherheiten verschärfen.

Durch die zunehmende Komplexität, Sensorik und Vernetzung digitaler Systeme steigt außerdem die Fehler- und Störanfälligkeit. Diese Störungen können einzelne Anwendungen, wie etwa Maschinen, betreffen, was Landwirt*innen in zunehmend eng getakteten Erntephasen vor Probleme stellen kann. Während sie mechanische Reparaturen an Maschinen noch häufig selbst vornehmen können, verlangt die Behebung digitaler Störungen oft externes Expert*innenwissen. Gefährlich für die globale Ernährungssicherung sind insbesondere Situationen, bei denen digitale Technologien flächendeckend ausfallen: Sei es direkt mittels gezielter Cyberangriffe und hybrider Kriegsführung oder indirekt durch Ausfälle kritischer Infrastruktur, wie der Elektrizität oder der Internetversorgung.

Die Robustheit der Ernährungssysteme ist nicht zuletzt auch durch die bereits angesprochenen Trends zur Monopolisierung und Verschärfung bestehender Un-

> **„ Technische Innovationen sind jedoch nicht automatisch gemeinwohlförderlich, sondern können je nach Design Gerechtigkeitsprobleme oder ökologische Auswirkungen verschärfen. "**

gleichheiten gefährdet. Durch die zunehmende Optimierung von Anbaukulturen und -praktiken durch immer weniger Akteure mit ähnlichen Entscheidungsverhalten, gehen Nischen und Vielfalt – und damit auch Rückfalloptionen – verloren, die bei Störungen greifen, einen Totalausfall zu vermeiden. Selbst wenn digitale Technologien zu weiteren Effizienzsteigerungen beitragen, bleiben Ernährungsunsicherheiten global bestehen, wenn deren gesellschaftlichen Ursachen – wie ungleiche Machtverhältnisse, fehlender Zugang und Verteilungsungerechtigkeit sowie die systemische Priorisierung von Profitstreben gegenüber Gemeinwohlinteressen in den Ernährungssystemen – nicht adressiert werden.

Verantwortungsvolle Nutzung digitaler Technologien
Um die Chancen digitaler Technologien für eine nachhaltige Landnutzung zu nutzen, ist nicht nur ein besseres Verständnis unerwünschter Nebenwirkungen wichtig. Es braucht auch geeignete Rahmenbedingungen zur Gestaltung einer am gesellschaftlichen Wohl orientierten digitalen Transformation in der Landwirtschaft.
Innovationen in gesellschaftlicher Verantwortung gestalten: Um die gemeinwohlfördernden Potenziale der Digitalisierung in der Landwirtschaft auszuschöpfen, sind verantwortungsvolle Forschung und Innovationen nötig. Sie sollten zukünftige gesellschaftliche Auswirkungen von Beginn an berücksichtigen sowie begleitende Maßnahmen und Regelwerke entwickeln, um unerwünschte Begleiterscheinungen zu antizipieren und so gut wie möglich zu minimieren. Für digitale Innovationen können beispielsweise Maßnahmen zu größtmöglicher Transparenz, Interoperationabilität, Reversibilität und Datensouveränität die nötige Akzeptanz schaffen und ein Gegengewicht gegenüber mächtigen Monopolen von Techkonzernen dar-

stellen. Da zu enge Regulatorik Innovationen ausbremsen kann, bedarf es einer regelmäßigen Überprüfung der Regelwerke und eines Ausbalancierens zwischen dem Ausschöpfen der wünschenswerten Potenziale einerseits und der gezielten Vermeidung unerwünschter Nebenwirkungen anderseits im Sinne eines adaptiven Governance-Ansatzes.

Gesellschaftliches Bewusstsein und plurale Beteiligung steigern: Bislang dominieren in Diskussionen über die Digitalisierung in der Landwirtschaft in Politik und Gesellschaft technologieoptimistische Vorstellungen, die die Risiken oft ausblenden. (5) Auch akademische Diskurse sind häufig von natur- und ingenieurswissenschaftlichen Perspektiven geprägt, welche die sozialen Auswirkungen und den Technologien zugrunde liegenden Wertevorstellungen kaum in den Blick nehmen. Technische Innovationen sind jedoch nicht automatisch gemeinwohlförderlich, sondern können je nach Design Gerechtigkeitsprobleme oder ökologische Auswirkungen verschärfen. Um die gesellschaftlich erwünschten Potenziale auszuschöpfen, ist es deshalb unerlässlich, das Wissen vielstimmiger Akteure in die Entwicklung und Begleitung digitaler Innovationen einzubeziehen und deren digitale Kompetenzen zu stärken. Dazu zählen neben Wissenschaftler*innen verschiedener Disziplinen auch Expert*innen aus der Praxis und Vertreter*innen der Zivilgesellschaft, um das gesellschaftliche Bewusstsein für die Mechanismen und Folgen der Digitalisierung in der Landwirtschaft zu stärken.

Nicht nachhaltige Strukturen aufbrechen: Für eine notwendige nachhaltige Transformation der Landnutzung und der Ernährungssysteme bedarf es darüber hinaus tiefgreifender gesellschaftlicher Veränderungen. Fest verankerte Weltbilder, Wertevorstellungen, und Machtverhältnisse, die einseitig auf Wachstum und Produktivitätssteigerung ausgerichtet sind, müssen dazu hinterfragt und neu ausgerichtet werden. Eine nachhaltigere Landnutzung lässt sich deshalb nicht allein mittels hilfreicher digitaler Technologien erreichen, sondern sie bleibt eine politische und gesellschaftliche Aushandlung. Neben tragfähigen Technologien sind deshalb auch geeignete Formate zur Aushandlung von Konflikten (vgl. S. 39 ff.), veränderte rechtliche und finanzielle Rahmenbedingungen, soziale Innovationen (vgl. S. 17 ff.) sowie Exnovationen erforderlich, das heißt der gezielte Ausstieg aus nicht nachhaltigen Technologien und Verhaltensweisen.

Literatur
(1) www.bitkom.org/sites/main/files/2024-06/Bitkom-Charts-Pressekonferenz-Digitalisierung-der-Landwirtschaft.pdf
(2) Rockström, J. / Williams, J. et al. (2017): Sustainable intensification of agriculture for human prosperity and global sustainability. In: Ambio 46 (1), S. 4–17.
(3) Pappa, F. (2024): Sounding the alarm for digital agriculture: Examining risks to the human rights to science and food. In Netherlands Quarterly of Human Rights. 42(3), S. 276–296.
(4) Zscheischler, J. / Brunsch, R. et al. (2022): Perceived risks and vulnerabilities of employing digitalization and digital data in agriculture – Socially robust orientations from a transdisciplinary process. In: Journal of cleaner production, 358, 132034.
(5) Martens, K. / Zscheischler, J. (2022): The digital transformation of the agricultural value chain: Discourses on opportunities, challenges and controversial perspectives on governance approaches. In: Sustainability, 14 (7), 3905.

Welchen Zauberstab würden Sie wählen, um Ödland zu revitalisieren?
a) Einen, der nicht 100-prozentig funktioniert, denn so manches »Ödland« ist ein tolles Biotop für seltene Arten.
b) Einen, der auf die Förderung von lokalen Ideen, Initiativen und Gemeinschaft spezialisiert ist.

Zu den Autor*innen
a) Janes Grewer ist Geograph. Er arbeitet an der Universität Vechta und ist Mitglied im VISTRA. In seiner Forschung befasst er sich mit Nachhaltigkeitstransformationen in ländlichen Regionen und mit Suffizienzstrategien.
b) Jana Zscheischler forscht zu Gestaltungsfragen nachhaltigkeitsorientierter Transformationsprozesse. Sie ist Professorin für Geographie an der Universität Vechta, Mitglied im VISTRA und Gastwissenschaftlerin am Leibniz-Zentrum für Agrarlandschaftsforschung.

Kontakt
Janes Grewer
Prof.in Dr.in Jana Zscheischler
Universität Vechta
Vechta Institute of Sustainability Transformation in Rural Areas (VISTRA)
E-Mail janes.grewer@uni-vechta.de,
jana.zscheischler@uni-vechta.de

  © 2025 bei den Autor*innen; Lizenznehmer oekom. Dieser OpenAccess-Artikel wird unter einer Creative Commons Namensnennung 4.0 International Lizenz (CC BY) veröffentlicht.
https://doi.org/10.14512/POE012025032

Umgang mit Landnutzungskonflikten

Respekt und Rahmen müssen stimmen

Flächen sind knapp und Konflikte um Landnutzung daher unvermeidlich. Sie berühren oft komplexe gesellschaftliche Fragen, bieten aber auch die Chance, innovative und nachhaltige Lösungen zu finden – vorausgesetzt, sie werden konstruktiv angegangen. Politik und Verwaltung spielen dabei eine Schlüsselrolle.

Von Meike Fienitz

Ob Bürgerinitiativen gegen Wind- oder Solarparks, lautstarke Proteste gegen die Tesla-Gigafactory oder hitzige Debatten um den Ausbau von Radwegen – das Thema Landnutzung spielt in vielen aktuellen Diskussionen eine zentrale Rolle. Dabei geht es um weit mehr als nur um die Frage, wofür Flächen genutzt werden sollen. Konflikte um Landnutzung spiegeln die ganz großen Fragen unserer Zeit wider: Klimaschutz oder individuelle Freiheit? Innovation wagen oder den Status quo bewahren? Wer profitiert und wer trägt die Lasten? Dass Land ein begrenztes Gut ist, an das wir als Gesellschaft viele verschiedene Ansprüche stellen, macht die Frage nach der »richtigen« Landnutzung nicht einfacher. Und dann kommen auch noch emotionale Aspekte hinzu. Nicht zuletzt ist das Land um uns herum schließlich unsere Heimat, aufgeladen mit Erinnerungen und Erwartungen.

Kein Wunder also, dass Landnutzung oft heftig umstritten ist. Landnutzungskonflikte können dabei großen Schaden anrichten. Sie können wichtige Projekte wie die Energiewende verzögern, hohe Kosten verursachen und ganze Gemeinden spalten. Das Ergebnis sind oft Unzufriedenheit, Frustration und manchmal sogar Radikalisierung – was letztlich auch den gesellschaftlichen Zusammenhalt und die Demokratie gefährden kann. So werden Konflikte wie die um den Ausbau erneuerbarer Energien gerade im ländlichen Raum auch mit dem Aufstieg radikaler Parteien in Verbindung gebracht.

Dabei ist sich die Konfliktforschung hingegen einig, dass Konflikte grundsätzlich etwas Positives sind. Bedeutende Konfliktforscher wie Lewis Coser und Ralf Dahrendorf betonten bereits Mitte des 20. Jahrhunderts, dass Konflikte wichtige gesellschaftliche Funktionen erfüllen: Sie bringen uns dazu, nach neuen Lösungen zu suchen, und treiben so Innovation voran. Das Ausdiskutieren unterschiedlicher Perspektiven ist ein zentraler Bestandteil demokratischer Prozesse. Es hilft dabei, Prioritäten zu setzen und Normen an veränderte Bedingungen anzupassen. Zudem können Konflikte zu fundierteren Entscheidungen führen, indem sie neue Aspekte eines Themas sichtbar machen.

Eine Frage des Umgangs

Entscheidend dafür, ob Konflikte diese positiven Funktionen erfüllen, ist jedoch der Umgang mit ihnen. Arbeiten die Beteiligten gegeneinander und versuchen sie mit allen Mitteln die eigene Position durchzusetzen, kann sich ein Konflikt schnell in einer Eskalationsspirale verfangen. Immer mehr Akteure und Themen werden dann hineingezogen, die Positionen verhärten sich und es wird zunehmend schwieriger, den Konflikt zu bearbeiten. Doch auch das Gegenteil, also das Ignorieren oder Unterdrücken von Konflikten, ist bekanntlich keine Lösung. Solche sogenannten latenten Konflikte können keine positiven Funktionen entfalten und stattdessen viel Unzufriedenheit aufstauen. Das bedeutet nicht, dass jede Auseinandersetzung harmonisch verlaufen oder zu einer Einigung führen muss oder dass jeder Konflikt überhaupt gelöst werden kann. Die Beteiligten können in der Sache durchaus hart gegeneinander stehen – entscheidend ist, dass sie einander dennoch respektieren und das Recht zugestehen, ihre jeweilige Perspektive zu verteidigen.

Und das gelingt – den gefühlt immer polarisierteren und hitzigeren Debatten zum Trotz – in der Praxis oft ganz gut. So zeigte eine Erhebung zum Verlauf von Landnutzungskonflikten in und um Cottbus, dass von den 37 dort näher untersuchten Konflikten immerhin 18 überwiegend kollaborativ verliefen, die Beteiligten also gemeinsam versuchten, eine Lösung für ihre Differenzen zu finden. (1, 2) So entwickelten zum Beispiel Anwohnende gemeinsam mit Gemeindevertretung und Behörden in einem Konflikt um einen neuen Solarpark einen eigenen Kriterienkatalog, anhand dessen geeignete Flächen identifiziert wurden. Weitere zwölf Konflikte blieben allerdings latent, wurden also gar nicht bearbeitet, wohingegen nur sieben Konflikte eskalierend verliefen, die Beteiligten also gegeneinander arbeiteten.

Dennoch stellt sich natürlich die Frage, wie sich ein produktiver, dialogbasierter Umgang noch häufiger erreichen lässt. Denn jeder latente oder eskalierte Konflikt stellt eine erhebliche Belastung für die Beteiligten und potenziell eine Gefahr für den gesellschaftlichen Zusammenhalt dar. (3) Hier lohnt sich also ein genauerer Blick auf die Konfliktverläufe. Wann gelingt es den Beteiligten, in den Dialog zu kommen? Wann werden Konflikte unterdrückt? Wann eskalieren Konflikte?

Politik und Verwaltung in der Verantwortung

Hier zeigte die Cottbuser Studie: Wie Landnutzungskonflikte verlaufen, hängt in erster Linie von den Möglichkeiten der Beteiligten ab, sich in den Aushandlungsprozess einzubringen und diesen zu beeinflussen. Landnutzungskonflikte bleiben vor allem dann latent, wenn die Beteiligten den Eindruck haben, sie könnten durch ein aktives Ansprechen oder Austragen des Konflikts sowieso nichts ändern. Konflikte eskalieren, wenn es für die Beteiligten aufgrund von Rahmenbedingungen und verfügbaren Ressourcen einfacher ist, ihre Interessen durch Konfrontation durchzusetzen als mit den Gegner*innen in den Dialog zu gehen. Und kollaborative Verläufe kommen vor allem dann zustande, wenn neben der grundsätzlichen Bereitschaft zur Zusammenarbeit allen Beteiligten die Möglichkeit eingeräumt wird, die Entscheidungsfindung mit zu beeinflussen.

Für Politik und Verwaltung sind diese Ergebnisse bedeutend, werden doch bislang vor allem die direkt am Konflikt Beteiligten in der Verantwortung dafür gesehen, wie ein Konflikt verläuft. Stattdessen zeigt die Cottbuser Studie: Politik und Verwaltung haben einen erheblichen Einfluss darauf, wie Landnutzungskonflikte verlaufen. Sie sind es, die die Rahmenbedingungen und somit den Handlungsspielraum der Beteiligten festlegen. Im Umkehrschluss bedeutet das auch, dass Politik und

Verwaltung wesentliche Möglichkeiten haben, um sicherzustellen, dass Konflikte möglichst kollaborativ bearbeitet werden können anstatt unterdrückt zu werden oder zu eskalieren.

Eine zentrale Stellschraube ist dabei, den Beteiligten kollaborative Konfliktbearbeitung erstens zu ermöglichen und sie zweitens attraktiv zu machen. Es braucht also Formate, die allen Interessierten Gelegenheiten zum Austausch und zur Zusammenarbeit geben. Das darf keine Scheinpartizipation sein – bei der zwar alle ihre Meinung sagen dürfen, hinterher aber doch alles wie immer gemacht wird –, sondern muss den Beteiligten wirkliche Mitbestimmungsmöglichkeiten bieten. Darüber hinaus ist Vertrauensbildung entscheidend, um Bereitschaft zur Zusammenarbeit herzustellen. Über Formate zur Bearbeitung bestehender Konflikte hinaus sind daher weitere Institutionen nötig, die die Akteure einer Region regelmäßig miteinander in Austausch bringen und den Aufbau von Vertrauen und persönlichen Kontakten ermöglichen. Nicht zuletzt sind klare rechtliche Rahmenbedingungen zentral, die Raum für Verhandlungen lassen, gleichzeitig aber festlegen, was verhandelbar ist und was nicht.

> **Frühzeitige Kommunikation und aktives Konfliktmanagement helfen, Missverständnisse zu vermeiden, Vertrauen zu fördern und von vornherein eine Kultur des Dialogs zu etablieren.**

Zügige juristische Verfahren sind eine weitere wichtige Stellschraube. Selbst bei optimalen Rahmenbedingungen bleibt Konfliktaushandlung ein oft mühsamer Prozess, der allen Beteiligten Kompromisse abverlangt. Soll Eskalation vermieden werden, darf diese im Vergleich dazu für Konfliktparteien nicht der einfachere Weg sein, ihre Interessen durchzusetzen. Besonders problematisch erweist sich dabei aktuell die Länge von juristischen Verfahren. Je länger und teurer sich ein Prozess hinzieht, desto wahrscheinlicher ist es, dass ein Projekt letztlich aufgegeben wird. Die Möglichkeit, strittige Vorhaben juristisch prüfen zu lassen, ist zentraler Baustein der Demokratie und kann, wie die Konfliktforschung schon oft gezeigt hat, stärkere Eskalationsformen vermeiden. Prozesse, die derart lange dauern, dass sie unabhängig von den juristischen Erfolgsaussichten genutzt werden können, um unliebsame Projekte zu blockieren, haben jedoch den gegenteiligen Effekt, wenn sie Klagen grundsätzlich attraktiver machen als Verhandlungen.

Trotzdem sind auch die Beteiligten eines Konflikts den Umständen natürlich nicht hilflos ausgeliefert. Vertiefende Analysen des Eskalationsprozesses zeigten: Auch wenn die Rahmenbedingungen Zusammenarbeit erschweren, können die Beteiligten den Konfliktverlauf beeinflussen. (4) Hier ist allerdings die frühe Konfliktphase und sogar die Zeit vor Auftreten eines akuten Konflikts entscheidend. Gelingt es, in dieser Phase gegenseitiges Vertrauen aufzubauen, schafft das eine solide Basis für Gesprächsbereitschaft. Frühzeitige Kommunikation und aktives Konfliktmanagement helfen ebenfalls, Missverständnisse zu vermeiden, Vertrauen zu fördern und von vornherein eine Kultur des Dialogs zu etablieren. Dafür ist es wiederum entscheidend, dass den Beteiligten bewusst ist, welche Themen möglicherweise konfliktbehaftet sein könnten. Akzeptanzanalysen, die gezielt die Stimmungslage bezüglich geplanter Projekte untersuchen, können hier wertvolle Hinweise geben. Wird ein Konflikt komplexer, sollten die Beteiligten professionelle Mediation in Anspruch nehmen. Je früher, desto besser – denn ist ein Konflikt einmal eskaliert, wird es auch für Profis schwieriger, eine Gesprächsbasis zu schaffen.

Konflikte als Chance für nachhaltige Lösungen

In pluralistischen Gesellschaften wird es zwangsläufig immer unterschiedliche Ansichten und Interessen zur Nutzung von Land geben. Konflikte um Landnutzung sind unvermeidlich und berühren oft komplexe gesellschaftliche Fragen. Doch gerade diese Konflikte bieten auch die Chance, innovative und nachhaltige Lösungen zu finden – vorausgesetzt, sie werden konstruktiv angegangen. Es braucht transparente, faire Beteiligungsprozesse, in denen alle Stimmen Gehör finden und echte Mitbestimmung ermöglicht wird. Politik und Verwaltung tragen hierbei eine Schlüsselrolle, indem sie Rahmenbedingungen schaffen, um den Dialog zwischen den

Beteiligten zu fördern und gemeinsame Lösungen zu ermöglichen. Der richtige Umgang mit Landnutzungskonflikten kann so nicht nur lokale Lösungen hervorbringen, sondern auch den gesellschaftlichen Zusammenhalt stärken.

Quellen
(1) Forschungsprojekt ReGerecht, vgl. www.regerecht.de
(2) Fienitz, M. / Siebert, R. (2023): Latent, collaborative, or escalated conflict? Determining causal pathways for land use conflicts. In: Land Use Policy (134), https://doi.org/10.1016/j.landusepol.2023.106918
(3) Fienitz, M. / Siebert, R. (2022): "It Is a Total Drama": Land Use Conflicts in Local Land Use Actors' Experience. In: Land (11), https://doi.org/10.3390/land11050602
(4) Fienitz, M. (im Review): How do land use conflicts escalate? Identifying causal mechanisms in a conflict over a biogas plant in Brandenburg, Germany. In: People and Nature.

Welchen Zauberstab würden Sie wählen, um Ödland zu revitalisieren?
Weidenholz, Phönixfeder, 14 1/2 Zoll.

Zur Autorin
Meike Fienitz hat Umweltpolitik und Umweltplanung studiert. Sie ist wissenschaftliche Mitarbeiterin am ZALF, wo sie zu Landnutzungskonflikten forscht. Dieser Artikel fasst zentrale Ergebnisse ihrer Promotion zu Konfliktverläufen zusammen.

Kontakt
Meike Fienitz
Leibniz Zentrum für Agrarlandschaftsforschung (ZALF) e. V..
E-Mail Meike.Fienitz@zalf.de

  © 2025 bei der Autorin; Lizenznehmer oekom. Dieser OpenAccess-Artikel wird unter einer Creative Commons Namensnennung 4.0 International Lizenz (CC BY) veröffentlicht.
https://doi.org/10.14512/POE012025039

BODENHAFTUNG

Gesunde Böden sind das Fundament lebenswichtiger Ökosysteme, sie speichern CO_2 und regulieren den Wasserhaushalt. Doch Versiegelung, Übernutzung und Erosion setzen ihnen stark zu. Um ihre Fruchtbarkeit zu erhalten und den Flächenfraß zu stoppen, braucht es einen völlig anderen Umgang mit Flächen. – Hilft Ausprobieren beim Wandel? Was kommt von der Biodiversitätsförderung der EU in der Praxis an? Wie wird urbane Landnutzung nachhaltig?

Bodengesundheit

Mehr als eine Definitionsfrage

Der Zustand unserer Böden ist ein komplexes Umweltthema. Eine einheitliche Bewertung wird durch die vielfältigen Bodenbeschaffenheiten erschwert. Zudem brächte sie wissenschaftliche und politische Herausforderungen mit sich. Auch deshalb wurde der Bodenschutz viel zu lange politisch vernachlässigt. Doch das ändert sich gerade.

Von Katharina Bäumler

Obwohl der Boden eine der wichtigsten Ressourcen für Mensch und Umwelt ist, gab es bis vor Kurzem keine entsprechende EU-Gesetzgebung. Auch in Deutschland ist das Bodenschutzgesetz seit seinem Inkrafttreten 1998 weitgehend unverändert geblieben. Erst in jüngerer Zeit gerät der Boden wieder in den Fokus der Politik, wie neue Gesetzesinitiativen auf EU-Ebene und das Ziel der Bundesregierung zur Überarbeitung des Bundes-Bodenschutzgesetzes (BBodSchG) zeigen. Es stellt sich die Frage, warum der Boden so lange aus der politischen Diskussion ausgeschlossen war und warum er nun wieder stärker in den Mittelpunkt rückt.
Eine mögliche Erklärung könnte darin liegen, dass es schwieriger ist, Boden auf empirischer Grundlage als gesellschaftliches Problem zu definieren, als dies bei anderen Umweltmedien wie Luft oder Wasser der Fall ist. Deshalb soll hier die Rolle der Bodenwissenschaften näher beleuchtet und herausgearbeitet werden, inwieweit wissenschaftliche Erkenntnisse die politische Problemdefinition von Bodengesundheit unterstützt haben. Mangelte es bislang möglicherweise an klaren

empirischen Grundlagen, um einen gesetzlichen Rahmen zum Schutz der Böden zu formulieren? Die Bodenwissenschaften spielen insbesondere dabei eine entscheidende Rolle, Indikatoren und Schadschwellenwerte zu definieren, die nötig sind, um die Bodengesundheit zu bewerten.

Ein Begriff, verschiedene Definitionen

Der Begriff Bodengesundheit wird bereits länger in verschiedenen wissenschaftlichen Disziplinen verwendet. Meistens werden allerdings unterschiedliche Dinge damit gemeint. Ein Boden kann als gesund definiert werden, wenn er konstant hohe Erträge liefert. Ein Boden kann aber auch als gesund gelten, wenn er in einem guten ökologischen Zustand ist und beispielsweise ein reiches und vielfältiges Bodenleben aufweist. Dementsprechend ist der Begriff aus bodenwissenschaftlicher Sicht schwer zu fassen, da es viele Herausforderungen gibt, wenn es darum geht, Indikatoren und Schadschwellen für verschiedene Aspekte der Bodengesundheit festzulegen. Hinzu kommt, dass Böden extrem heterogen sind und von zahlreichen Einflussfaktoren wie Wetter und Landnutzung beeinflusst werden, was eine flächendeckende Bewertung erschwert. Trotzdem wird der Begriff Bodengesundheit zunehmend in Deutschland und auf europäischer Ebene als Kommunikationsmittel genutzt, um das Bewusstsein der breiten Öffentlichkeit für Bodenthemen zu schärfen. Der Vergleich mit der Gesundheit des Menschen als lebendiges System hat sich dabei als hilfreich erwiesen, um komplexe Zusammenhänge im Boden verständlich zu machen. Während viele den Begriff als sinnvolles Kommunikationsmedium ansehen, gibt es in der Wissenschaft weiterhin auch kritische Stimmen, die den Begriff als nicht zweckbestimmt betrachten.

Diese Diskussionen um den Begriff Bodengesundheit spiegeln zentrale Herausforderungen der bodenwissenschaftlichen Forschung wider. Ein gutes Beispiel hierfür ist die Bodenverdichtung, eine Form der physikalischen Bodendegradation, die zu einer Kompaktion – also Verfestigung und Volumenverkleinerung – des Bodens führt und damit die Wasserspeicher- und Ertragsfähigkeit des Bodens einschränkt. Bei der Bewertung der Bodenverdichtung gibt es unterschiedliche Ansätze: Einerseits wird die potenzielle Gefährdung durch Verdichtung im Vorhinein abgeschätzt, andererseits wird eine bereits bestehende Verdichtung auf ihre Schädlichkeit hin bewertet.

Es existieren verschiedene Methoden zur Bewertung der Bodenverdichtung, die je nach Anwendungsfall – von landwirtschaftlicher Praxis bis hin zu politischen Entscheidungen – ihre Daseinsberechtigung haben. So eignen sich standortgenaue Betrachtungen besonders für die Einschätzung der Befahrbarkeit der Böden in der landwirtschaftlichen Praxis, während quantitative Modellierungsansätze eher eine flächendeckende Einschätzung des Verdichtungsrisikos für politische Entscheidungen erlauben.

Knackpunkt Bewertungsmaßstab
Allerdings gibt es innerhalb der Wissenschaft keine einheitliche Meinung darüber, wie Bodenverdichtung objektiv am besten gemessen und bewertet werden kann. Die Herausforderung besteht vor allem darin, einen gemeinsamen Bewertungsmaßstab festzulegen, der darstellt, wann genau Bodenverdichtung problematisch wird. Wie hoch müssten beispielsweise die Ertragseinbußen aufgrund von Verdichtung werden? Oder ist bereits eine veränderte Lagerungsdichte des Bodens ein ökologisches Problem, das Handlungsbedarf erfordert? Zudem hemmt die Heterogenität der Böden im Vergleich zu anderen Umweltmedien eine einheitliche, flächendeckende Bewertung. Böden sind sehr unterschiedlich aufgebaut, wodurch bestimmte Kennwerte immer in den Kontext der naturräumlichen Gegebenheiten gesetzt werden müssen. Hinzu kommt die kleinräumige Variabilität: So können beispielsweise die Fahrspuren auf einem Acker stark verdichtet sein, während andere Bereiche auf demselben Acker in einem guten Zustand sind.
Ein weiterer Punkt ist, dass sich in den Bodenwissenschaften verschiedene Disziplinen wie Bodenphysik, -chemie und -biologie mit Wurzeln in der landwirtschaftlichen, ökologischen und geologischen Forschung begegnen, die oft nicht dieselbe Sprache sprechen. So fällt eine gemeinsame Definition von schädlicher Bodenverdichtung schwerer. Weiterhin lag in der Vergangenheit der Schwerpunkt in den Bodenwissenschaften oft auf Grundlagenforschung. Es galt beispielsweise zunächst Bodenkarten über die Verbreitung von Bodeneigenschaften zu erstellen und grundlegende Prozesse zu verstehen. So fanden sozialwissenschaftliche und transformative Perspektiven zur Beleuchtung der Interaktionen zwischen Menschen und Böden lange Zeit nur wenig Beachtung.

> **Trotz des Wandels in den Bodenwissenschaften gibt es noch eine Kluft zwischen dem Angebot an Wissen, das sie bereitstellen, und der Nachfrage an Wissen, das die Politik zur Entscheidungsfindung heranziehen möchte.**

Doch es tut sich mittlerweile etwas: Klimakrise, Hochwasserkatastrophen, Ernährungsunsicherheit und Flächenknappheit verdeutlichen in der Öffentlichkeit die vielen essenziellen Funktionen des Bodens, wie dessen Wasser- und CO_2-Speicherung sowie seine Rolle als Produktionsgrundlage für die Landwirtschaft. Diese zunehmende öffentliche Aufmerksamkeit für den Boden fällt mit einem Wandel in den Bodenwissenschaften zusammen. Zwar wurden durch einen Generationenwechsel in den 2000er-Jahren manche Stellen in der klassischen Bodenforschung nicht nachbesetzt, aber dies ermöglichte auch Raum für Neues. So arbeitet die bodenwissenschaftliche Gemeinschaft zunehmend inter- und transdisziplinär, tritt immer mehr in die Öffentlichkeit und teilt ihr Wissen.

Dieser Wandel des öffentlichen Interesses an Bodenthemen übersetzt sich auch in die geplante Revision des BBodSchG. Während der bisherige Schwerpunkt des Gesetzes auf Bodenkontamination und Altlasten lag und mit der „guten fachlichen Praxis" einen Rahmen für Bodenschutz in der Landwirtschaft definiert wird, rücken nun der Erhalt und die Wiederherstellung der Bodenfunktionen im Kontext der Herausforderungen durch den Klimawandel stärker in den Fokus. So finden auch physikalische Bodenschutzaspekte mit Blick auf Bodenverdichtung und -erosion, insbesondere in der Landwirtschaft, stärker Berücksichtigung.

In der politischen Diskussion wird das Problem der Bodenverdichtung zunehmend in Fachgesprächen thematisiert. Dazu dienen insbesondere Expert*innenkreise in diversen Formaten, wie beispielsweise die Kommission Bodenschutz des Umweltbundesamts oder die Bund-Länder-Arbeitsgemeinschaft Bodenschutz. In diesem

Rahmen wird insbesondere die praktische Umsetzbarkeit von Bodenschutzmaßnahmen sowohl aus behördlicher Sicht als auch im Alltag landwirtschaftlicher Betriebe erörtert. Allerdings bleibt die politische Problemdefinition schwierig, da es an klaren Bewertungsmaßstäben, Indikatoren und Methoden zur Bestimmung der Bodengesundheit, beziehungsweise der schädlichen Verdichtung, mangelt.

Dieses Zusammenwirken von Wissenschaft und Politik in Expert*innenkreisen erweckt den Eindruck, dass die Bodenwissenschaften oft in der Suche nach der absoluten Wahrheit verharren und sich in Detailfragen verlieren, anstatt klare, praxisorientierte Handlungsempfehlungen zu geben. Diese Unsicherheiten innerhalb der Wissenschaft scheinen sich auf die Politik zu übertragen; sie zögert, klare gesetzliche Vorgaben zum Bodenschutz zu formulieren. So zeigt sich noch weiterhin eine Kluft zwischen dem Angebot an Wissen, das die Wissenschaft bereitstellt, und der Nachfrage an Wissen, das die Politik zur Entscheidungsfindung heranziehen möchte – trotz des Wandels, der in den Bodenwissenschaften bereits stattfindet.

Die Folge ist, dass es weiterhin keine Einigung über eine Überarbeitung des gesetzlichen Rahmens für Bodenschutz in Deutschland gibt, obwohl sowohl die Wissenschaft als auch die Politik das Problem der Bodendegradation postulieren. Während das breite, bestehende Wissen aus der Wissenschaft – insbesondere in Bezug auf Bodenverdichtung – nicht in die politische Sphäre gelangt, können Politiker*innen zunächst mehr Bodenmonitoring oder Datenvereinheitlichung fordern, anstatt konkrete Maßnahmen umzusetzen. Andere Interessensgruppen, die verschärftem Bodenschutz eher kritisch gegenüberstehen, können sich so leichter durchsetzen, wie beispielsweise landwirtschaftliche Interessensverbände, private Unternehmen mit flächenversiegelnden Großbauprojekten oder die Lobby der Landmaschinentechnik.

An der Übersetzung arbeiten

Zukünftig könnten die Bodenwissenschaften versuchen, ihre Position in der politischen Sphäre zu stärken, indem sie klarere Handlungsempfehlungen geben. Dabei stellt sich die grundsätzliche Frage, ob dies überhaupt eine Aufgabe der Wissenschaft ist. Möglicherweise braucht es eine neue Art von Wissenschaft, die stärker auf die Praxis und auf gesellschaftliche Herausforderungen wie den Bodenschutz ausgerichtet ist. Entsprechende Bestrebungen zeigen sich in der transdisziplinären

Ausrichtung verschiedener EU-Ausschreibungen im Bereich Bodenforschung. Eine wichtige Rolle könnte dabei auch ein neuer Berufsstand spielen, der die »Übersetzung« zwischen Wissenschaft und Politik erleichtert.

Ein stärkerer Austausch zwischen Wissenschaft, Politik und Gesellschaft wäre ein wichtiger Schritt, um komplexe Umweltprobleme wie die Bodenverdichtung besser zu adressieren. Potenziell erfordert dies auch eine stärkere Einbindung der Sozialwissenschaften sowie einen Wandel hin zu praxisorientierter, transformativer Forschung. Das Beispiel Bodengesundheit deutet darauf hin, dass sich der Auftrag der Wissenschaft im Hinblick auf Umweltthemen in Zukunft möglicherweise wandeln wird – von der bisherigen Suche nach der absoluten Wahrheit hin zu einem stärkeren Fokus auf das Gemeinwohl, also auch auf den Auftrag der Politik. So könnte der Austausch zwischen Wissenschaft und Politik angepasst werden, um auch zum Bodenschutz gemeinsam klare Handlungsanweisungen zu formulieren und eine nachhaltige Nutzung dieser lebenswichtigen Ressource zu gewährleisten.

Welchen Zauberstab würden Sie wählen, um Ödland zu revitalisieren?
Eine Geschichte, in der wir dankbar für die Wunder unserer Welt und in Verbundenheit zusammenleben.

Zur Autorin
Katharina Bäumler ist Doktorandin in der Arbeitsgruppe Agrar- und Ernährungspolitik des Thaer-Instituts an der HU Berlin und wiss. Mitarbeiterin im Projekt SOILAssist bei der Stabsstelle Klima, Boden, Biodiversität am Thünen-Institut. Sie hat einen M. A. in Internationaler Entwicklung und hat u. a. beim UN-Umweltprogramm gearbeitet. In ihrer Promotion beschäftigt sie sich mit der Konstitution von Bodengesundheit als Politikproblem in Deutschland und der EU.

Kontakt
Katharina Bäumler
Thünen-Institut
E-Mail katharina.baeumler@thuenen.de

  © 2025 bei der Autorin; Lizenznehmer oekom. Dieser OpenAccess-Artikel wird unter einer Creative Commons Namensnennung 4.0 International Lizenz (CC BY) veröffentlicht.
https://doi.org/10.14512/POE012025046

Biodiversitätsförderung im Rahmen der Gemeinsamen Agrarpolitik

Zwischen Hoffnung und Hürdenlauf

Die Artenvielfalt in Agrarlandschaften nimmt stetig ab. Die europäische Agrarpolitik versucht deshalb schon länger, mit neuen Förderinstrumenten gegenzusteuern. Das birgt theoretisch Chancen für den Biodiversitätsschutz, praktisch führen die neuen Prozesse jedoch eher zu großer Verunsicherung bei den Betrieben.

Von Ineke Joormann

Biologische Vielfalt ist eine wichtige Grundlage für intakte Ökosysteme und damit auch für die Landwirtschaft. Insbesondere bei den Tier- und Pflanzenarten der Agrarlandschaft ist jedoch ein stetiger Rückgang zu verzeichnen. (1) Einen wichtigen Rahmen für gezielte Maßnahmen, um diesem Trend entgegenzuwirken, stellt die Gemeinsame Agrarpolitik (GAP) der europäischen Union dar. Die GAP ist das wichtigste Förderinstrument der europäischen Landwirtschaft und prägt auch auf nationaler Ebene die Ausrichtung der Agrarpolitik. Zukünftig soll ihre Ausgestaltung nachhaltiger und mit einem stärkeren Fokus auf Klima- und Umweltziele ausgerichtet werden.

So gibt es in der neuen GAP-Förderperiode mit den Ökoregelungen und der sogenannten erweiterten Konditionalität neue Instrumente zur Förderung von Maßnahmen des Biodiversitätsschutzes. Konditionalität meint die Bedingungen, die Landwirt*innen erfüllen müssen, um finanzielle Unterstützung zu erhalten. Diese Anforderungen umfassen Umwelt-, Klima- und Tierschutzstandards sowie soziale Aspekte wie Arbeitsbedingungen. Die Konditionalität ersetzt die frühere Cross

Compliance (übergreifende Regeltreue) und stellt sicher, dass nur Betriebe, die diese Standards einhalten, von GAP-Zahlungen profitieren.

Veränderungen bei der Förderung

Die europäische Agrarpolitik wird in Förderperioden von mehreren Jahren definiert. In der aktuellen Förderperiode (2023-2027) wurden die bereits bestehenden Agrarumwelt- und Klimamaßnahmen ergänzt um die Ökoregelungen und erweiterte Regelungen der Konditionalität. Bei den Ökoregelungen handelt es sich um neue freiwillige einjährige Maßnahmen zum Umwelt-, Kima- und Tierschutz. Dazu gehört beispielsweise der Anbau vielfältiger Kulturen oder die Extensivierung des Dauergrünlandes.

Ein wesentlicher Bestandteil der Konditionalität sind die neun Standards für den guten landwirtschaftlichen und ökologischen Zustand der Fläche (GLÖZ). (2) Besonders relevant für den Biodiversitätsschutz ist hierbei GLÖZ 8, der einen Mindestanteil von vier Prozent der Ackerfläche als nicht produktive Fläche vorsieht. Die Einhaltung der Konditionalität ist, anders als die Umsetzung von Ökoregelungen, verpflichtend für den Erhalt unter anderem von Direktzahlungen. Ein weiterer sehr relevanter Baustein zur Förderung der Biodiversität sind die mehrjährigen freiwilligen Agrarumwelt- und Klimamaßnahmen. Hierbei handelt es sich jedoch zum einen um ein bekanntes Instrument und zum anderen werden diese Maßnahmen durch Programme von den Bundesländern selbst definiert, sodass es hierzu keine bundeseinheitlichen Erfahrungen gibt.

Nicht nur durch die Einführung der neuen Instrumente zu Beginn der Förderperiode 2023 kam es zu weitreichenden Veränderungen, es wurden auch in der aktuell laufenden Förderperiode bereits weitere Anpassungen vorgenommen. Abbildung 1 zeigt die wichtigsten Entscheidungen zu den Ökoregelungen und GLÖZ 8 auf nationaler Ebene. Zur Verdeutlichung der zeitlichen Abläufe sind weiterhin die in der landwirtschaftlichen Praxis relevanten Zeiträume dargestellt. Dies ist zum einen die Frist für den Agrarantrag, mit dem Direktzahlungen und weitere Förderungen beantragt werden, und zum anderen die Zeiträume der Aussaat im Frühjahr und im Herbst. Die Anbauplanung, das heißt die Entscheidung, auf welcher Fläche welche Kulturen angebaut werden, erfolgt noch früher im jeweiligen Vorjahr.

1 Übersicht der Anpassungen in der aktuellen Förderperiode

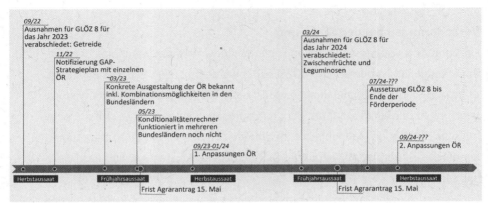

ÖR = Öko-Regelungen als neues Instrument mit einjährigen Maßnahmen
GLÖZ = Standards für den guten landwirtschaftlichen und ökologischen Zustand von Fläche
Standard 8: „Mindestanteil der landwirtschaftlichen Fläche für nichtproduktive Flächen" (4 % Brache)

_Quelle: Eigene Darstellung

Für GLÖZ 8 wurden für 2023 und 2024 Ausnahmen erlassen, sodass dieser Standard nicht mehr mit vier Prozent Brache erfüllt werden musste. Aufgrund des Angriffskriegs auf die Ukraine konnten die vier Prozent im Jahr 2023 auch mit Getreide oder Sonnenblumen erfüllt werden. Im Jahr 2024 wurde beschlossen, dass Landwirte die Verpflichtung zur Stilllegung von vier Prozent ihrer Ackerflächen auch durch den Anbau von Zwischenfrüchten oder Leguminosen erfüllen können. Diese Entscheidung erfolgte als Reaktion auf die Bauernproteste, die unter anderem gegen die verpflichtende Flächenstilllegung gerichtet waren. Ab 2025 soll die Verpflichtung bis zum Ende der Förderperiode nun ganz ausgesetzt werden. Bei den Ökoregelungen kam es aufgrund mangelnder Akzeptanz zu Anpassungen zum Beispiel in den Prämienhöhen. Weiterhin sollen zusätzliche Maßnahmen aufgenommen werden.

In Interviews mit Landwirt*innen in den Frühjahren 2023 und 2024 bin ich der Frage nachgegangen, was diese Anpassungen für Landwirt*innen bedeuten. Es wurden Leitfaden-gestützte Interviews mit 35 Betriebsleiter*innen in zehn Regionen verteilt auf acht Bundesländer Deutschlands geführt. Durch wiederholte Interviews konnten nicht nur erste Bewertungen der neuen Instrumente, sondern vertiefte Erkenntnisse über die Umsetzung und entsprechende betriebliche Anpassungen gewonnen werden. Insbesondere die jährlichen Veränderungen bei den Anforderungen der GLÖZ 8 bewerten die Befragten als sehr negativ. Mangelnde Planungssicherheit wird am häufigsten als Problem in der aktuellen Situation benannt. Hierbei werden zum einen die jährlich wechselnden Bedingungen beklagt, zum anderen aber auch die späten Entscheidungen und teils schwierig nachvollziehbaren Prozesse. So stand beispielsweise durch den Vorschlag der EU-Kommission schon für längere Zeit die Ausnahmeregel für GLÖZ 8 für 2024 im Raum, Deutschland hat sich endgültig jedoch erst Ende März desselben Jahres dafür entschieden – viel zu spät für die rechtzeitige Planung der Frühjahrsaussaat.

Die Angst, bei den verschiedensten Auflagen und Anpassungen den Überblick zu verlieren, führt zu einer großen Unsicherheit bei Landwirt*innen. Verstärkt wird diese durch die Angst vor Kontrollen und möglichen Sanktionen. Viele Betriebe gaben an, dass sie sich schlecht informiert fühlen. Dabei wurden die Informationsangebote eigentlich als gut oder ausreichend beschrieben. Da es jedoch immer wieder zu Anpassungen kam und aufgrund der späten Entscheidungen auch vorläufige Informationen weitergegeben wurden, herrschte große Unsicherheit, darüber, ob man tatsächlich die aktuell gültigen Auflagen kennt. Die Befragten sahen also eher die Fülle an Informationen und ihre teils schlechte Aufbereitung als problematisch an. Zur Verunsicherung beigetragen hat beispielsweise auch, dass informierende Stellen insbesondere in 2023 selbst darauf hinwiesen, dass sie keine endgültigen Informationen vorliegen hätten. Dies bedeutet konkret, dass die Landwirt*innen die Anbauplanung auf Grundlage vorläufiger Informationen vornehmen mussten oder politische Entscheidungen sogar erst nach bereits erfolgter Aussaat für die aktuelle Saison erfolgten.

Politische Entscheidungen fallen zu spät

Verstärkt durch Informationsdefizite und eine mangelnde Planungssicherheit führen die verschiedenen Veränderungen bei vielen Landwirt*innen zu einem Gefühl der Überforderung. Die Regelungen der GAP sind für Betriebe nur ein Baustein, mit dem sie sich neben der täglichen Arbeit beschäftigen müssen. Hinzu kommen weitere nationale Regelungen, wie etwa Veränderungen durch eine neue Dünge-

> **Insbesondere die mangelnde Planungssicherheit führt auch zu einem Vertrauensverlust in Entscheidungen der Politik.**

verordnung oder Aspekte der Tierhaltung. Die Folge: Für die Umsetzung zusätzlicher Maßnahmen, die nicht verpflichtend sind, sind oftmals keine betrieblichen Kapazitäten mehr übrig. So gab 2023 ein Großteil der befragten Landwirt*innen an, sich noch nicht mit den Fördermöglichkeiten der Ökoregelungen beschäftigt zu haben. Auch im folgenden Jahr hatten sich mehrere Betriebe noch nicht näher mit den Maßnahmen befasst.

Insbesondere die mangelnde Planungssicherheit führt auch zu einem Vertrauensverlust in Entscheidungen der Politik. So wird explizit darauf hingewiesen, dass die Notwendigkeit für langfristige Planungen und Investitionen in der Landwirtschaft konträr zu den aktuellen Prozessen mit wiederholten Anpassungen und späten Entscheidungen steht. Auch bei den Prozessen zu Ausnahmeregeln der GLÖZ 8 überwiegen die negativen Auswirkungen der späten politischen Entscheidungen gegenüber der Erleichterung, dass die Verpflichtung zur Stilllegung von vier Prozent der Ackerfläche entfiel.

Zielerreichung ist unsicher

Insgesamt wird die Entscheidung der befragten Landwirt*innen, an einer der Ökoregelungen teilzunehmen, stark von äußeren Rahmenbedingungen beeinflusst. So nimmt das Instrument bei fast allen Landwirt*innen einen geringen Stellenwert ein, da sie sich entweder auf die verpflichtend einzuhaltenden Aspekte der GAP konzentrieren oder ihnen andere Themen relevanter erscheinen. Viele der Befragten zogen eine Teilnahme an einer der Ökoregelungen gar nicht in Erwägung.

Zusammen mit der Aussetzung der GLÖZ 8 führt dies dazu, dass nur auf wenigen Betrieben neue Flächen für den Biodiversitätsschutz hinzukommen. Oft werden vorhandene Biodiversitätsflächen nur zwischen verschiedenen Instrumenten (wie GLÖZ 8 und Ökoregelungen) verschoben, auf der Fläche oder am Flächenumfang ändert sich aber nichts. Gleichzeitig sind Landwirt*innen verunsichert und müssen sich mit den wiederholten Anpassungen auseinandersetzen. Die Prozesse und Anpassungen insgesamt scheinen also eher hinderlich als förderlich für die Förderung der Biodiversität zu sein. Ob die Ziele der neuen GAP-Förderperiode so erreicht werden können, ist also fraglich.

Danksagung
Das F.R.A.N.Z.-Projekt wird ressortübergreifend unterstützt. Die Förderung erfolgt mit Mitteln der Landwirtschaftlichen Rentenbank, mit besonderer Unterstützung des Bundesministeriums für Ernährung und Landwirtschaft sowie durch das Bundesamt für Naturschutz mit Mitteln des Bundesministeriums für Umwelt, Naturschutz, nukleare Sicherheit und Verbraucherschutz.

Quellen
(1) Brown, C. et al (2020): Simplistic understandings of farmer motivations could undermine the environmental potential of the Common Agricultural Policy. In: Land Use Policy, 101, p. 105-136.
(2) www.praxis-agrar.de/service/infografiken/was-sind-die-gloez-standards

Welchen Zauberstab würden Sie wählen, um Ödland zu revitalisieren?
Mein Zauberstab wäre Beweidung und etwas zusätzliche Zauberkraft aus der Wildkräuter-Einsaat.

Zur Autorin
Ineke Joormann ist wiss. Mitarbeiterin am Thünen-Institut für Lebensverhältnisse in ländlichen Räumen in Braunschweig. Sie beschäftigt sich vor allem mit Faktoren, die die Teilnahme von Landwirt*innen an biodiversitätsfördernden Maßnahmen bestimmen.

Kontakt
Ineke Joormann
Thünen-Institut
E-Mail ineke.joormann@thuenen.de

  © 2025 bei der Autorin; Lizenznehmer oekom. Dieser OpenAccess-Artikel wird unter einer Creative Commons Namensnennung 4.0 International Lizenz (CC BY) veröffentlicht.
https://doi.org/10.14512/POE012025052

Optionen und Grenzen nachhaltiger urbaner Landnutzung

Food and the City

Ein global organisiertes Ernährungssystem verbindet Städte mit der ganzen Welt – über Lebensmittel, aber auch mit den ökologischen und sozialen Auswirkungen ihrer Produktion und ihrem Handel. Aus urbaner Perspektive scheinen manche Regulierungen außer Reichweite, dennoch finden sich Handlungsspielräume.

Von Lisa Kaufmann

▬▬▬▬Urbane Ernährungssysteme haben auf der ganzen Welt viele Gemeinsamkeiten: Städte beherbergen eine Vielzahl an Menschen auf kleiner Fläche, weswegen innerhalb der Stadt wenig Land für Lebensmittelproduktion zur Verfügung steht. Im Jahr 2010 lebten 55 Prozent der Weltbevölkerung in Städten, die ein bis drei Prozent der globalen Landfläche beanspruchten. Um die Ernährung der Stadtbewohner*innen trotzdem gewährleisten zu können, findet der Großteil der dafür notwendigen landwirtschaftlichen Produktion – und damit der Landnutzung für ihre Ernährung – außerhalb der Stadt statt. Man kann daher sagen, dass urbane Landnutzung nicht an den Stadttoren endet.

Bereits im 19. Jahrhundert beschäftigte Volkswirt*innen die städtische Nahrungsversorgung. Johann Heinrich von Thünen stellte eine ökonomische Standorttheorie auf (die sogenannten „Thünschen Ringe"), die die Gewinne aus landwirtschaftlichen Produkten mit ihrem Transport zum ökonomischen Zentrum – der Stadt – in

Beziehung setzt. Transport war damals noch durch Energieverfügbarkeit begrenzt, aber mit der Ausweitung von fossilen Brennstoffen im Zuge der „Großen Beschleunigung" nach dem 2. Weltkrieg, verlagerte sich das versorgende Hinterland der Stadt von der direkten Umgebung auf die ganze Welt. Ein globalisiertes Ernährungssystem löste damit den direkten Kontakt zwischen Produktion und Konsum auf und verteilte die Umweltwirkungen der städtischen Ernährung auf der ganzen Welt. Da global gesehen seit 2007/2008 mehr Menschen in urbanen als in ländlichen Gebieten leben und prognostiziert wird, dass im Jahr 2050 dieser Anteil auf zwei Drittel ansteigen wird, sind urbane Ernährungssysteme zentrale Hebelpunkte für eine nachhaltige Landnutzung weltweit. Trotz dieser Gemeinsamkeiten ist es dennoch wichtig, die globale Lage des Zentrums jedes urbanen Ernährungssystems und dessen sozial-ökologischen Hintergrund zu berücksichtigen. Hier soll am Beispiel Wiens insbesondere die Situation von Städten im industrialisierten Globalen Norden beleuchtet werden.

Globales Hinterland versorgt die Stadt
Wien ist die Hauptstadt Österreichs und mit heute zwei Millionen Einwohner*innen die fünftgrößte Stadt in der Europäischen Union (EU). Im Jahr 2015 versursachte die Ernährungsversorgung der Stadt 2,3 Megatonnen CO_2-Äquivalente. Dies entspricht 1,3 Tonnen pro Kopf und 73 Prozent der Verkehrsemissionen der Stadt im gleichen Jahr. Die meisten Emissionen stehen im Zusammenhang mit dem Milch- und Fleischkonsum, denn schon allein die Emissionen der enterischen Fermentation – ein Vorgang während der Verdauung von Wiederkäuern – verursachten ein Viertel der Gesamtemissionen. Darüber hinaus benötigte die Produktion aller Lebensmittel für die Wiener Bevölkerung 6.390 Quadratkilometer, was in etwa 15-mal dem Wiener Stadtgebiet von 415 Quadratkilometern entspricht. Obwohl Wien in einem fruchtbaren Ackerbaugebiet an der Donau liegt, lagen in dieser Modellrechnung nur acht Prozent der Fläche für die Wiener Ernährung im Umkreis von einhundert Kilometern. 24 Prozent der Fläche lagen im restlichen Österreich, 49 Prozent in der restlichen EU und 18 Prozent der Fläche lagen außerhalb der EU. (1) Da (intensive) Landnutzung einer der stärksten Treiber für Artensterben ist, gehen mit der globalen Landnutzung für die Wiener Ernährung auch Biodiversitätseffekte

einher. Eine Studie, die den globalen Wiener Biodiversitäts-Fußabdruck als vergangenen und drohenden Artenverlust terrestrischer Wirbeltiere durch den Biomassekonsum Wiens ermittelte, konnte zeigen, dass die Produktion und der Konsum tierischer Produkte für mehr als zwei Drittel des gesamten Biodiversitäts-Fußabdrucks der Wiener Ernährung verantwortlich sind. (2) Hotspots realisierter und drohender Artenverluste im Globalen Süden traten auf durch Produktion und Konsum von Kaffee, Kakao, Palmöl und Soja, aber auch fast 80 Prozent des Fußabdrucks waren verbunden mit teilweise intensiver Landwirtschaft in Europa.

Diese beiden Studien zeigten, dass die Wiener Ernährungsversorgung und damit auch ihre Umweltwirkungen auf der ganzen Welt verteilt sind. Urbane (aber auch rurale) Ernährung im Globalen Norden nützt Landflächen in der ganzen Welt und damit auch im Globalen Süden. Das bedeutet, dass mit dem Import von Produkten nicht nur landwirtschaftliche Produktion, sondern auch deren Umweltwirkungen ausgelagert werden. Es konnte beispielsweise gezeigt werden, dass reichere, industrialisierte Länder Netto-Importeure von Biodiversitätsauswirkungen (Impacts) aus tropischen Ländern sind. Das heißt, dass die Biodiversitätseffekte der Produkte, die diese Länder importieren, größer sind als die Effekte, die diese Länder exportieren. Ein Austausch dieser Art erinnert an die Theorie des ökologisch ungleichen Tauschs (ecologically unequal exchange). Sie beschreibt die strukturelle Ungleichheit im Zusammenhang mit internationalem Handel, der als Vermittler und Motor sozial und ökologisch ungleicher Verhältnisse wirkt. Asymmetrische Machtverhältnisse erlauben Ländern im Globalen Norden Konsummuster, für deren Verwirklichung auf Ressourcen, Energie, Arbeitskraft und Landflächen aus Ländern des Globalen Südens zurückgegriffen werden muss. Folglich müssen (urbane) Ernährungssysteme im Globalen Norden auch um der globalen Gerechtigkeit willen transformiert werden.

Grenzen urbaner Gestaltungsmöglichkeit
Unser heutiges Ernährungssystem ist von Klimaerhitzung und Artensterben bedroht. Gleichzeitig trägt es aber auch zu beiden Entwicklungen bei. Daher ist die Transformation globaler Ernährungssysteme unausweichlich und urbane Zentren spielen dabei eine wichtige Rolle. Städte als eigene Verwaltungseinheit sind aber

mit Grenzen ihrer eigenen Handlungsfähigkeit konfrontiert. Im Gegensatz zu nationalen Regierungen oder internationalen Zusammenschlüssen wie der EU stehen Stadtregierungen vor der Herausforderung, dass sie keinen direkten Einfluss auf die Produktionsbedingungen der Landwirtschaft haben. Denn der Großteil der für die urbane Ernährung benötigten Lebensmittel wird außerhalb ihres Zuständigkeitsbereichs produziert.

> **Ernährungssysteme im Globalen Norden müssen auch um der globalen Gerechtigkeit willen transformiert werden.**

Daher liegt der wichtigste Hebel für Städte in der Veränderung der Konsumgewohnheiten. Der Aufruf zur freiwilligen Veränderung ist dabei nicht nur im Zusammenhang mit Ernährung im urbanen Raum populär, sondern die vorherrschende Erzählung im gesamten Diskurs zu Klimaschutz und anderen Umweltwirkungen. Die Effektivität freiwilliger Maßnahmen wird jedoch bezweifelt. Sie basiert auf der Annahme, dass eine geringere Nachfrage nach tierischen Produkten automatisch die Produktion und damit die Emissionen senkt. Eine Reduktion der Nachfrage aufgrund veränderter Konsumgewohnheiten erhöht aber den Wettbewerbsdruck. In Kombination mit einer flächengebundenen Agrarförderung der EU könnte das vor allem größere Betriebe begünstigen und kleinere, möglicherweise biodiversitätsfreundlichere Betriebe verdrängen. Vergangene Veränderungen der Konsumgewohnheiten, wie die Zunahme des Fleischkonsums nach dem Zweiten Weltkrieg, wurden zudem durch staatliche, institutionelle und ökonomische Anreize gefördert und zogen sich über längere Zeiträume. Es ist daher zweifelhaft, ob freiwillige Veränderungen allein ausreichen, um die dringend notwendige, sofortige Reduktion von Emissionen und Artensterben zu bewirken. Diese Zweifel werden durch eine Befragung der Wiener Bevölkerung im Jahr 2021 bestätigt, bei der 42 Prozent der Befragten, die mehr als 20 Kilogramm Fleisch pro Jahr konsumierten, nicht dazu bereit waren, ihren Fleischkonsum zu reduzieren. (3) Eine Veränderung urbaner Ernährungsgewohnheiten muss daher von weiteren Maßnahmen – innerhalb und außerhalb der Stadtgrenzen – begleitet werden.

Optionen urbaner Gestaltungsmöglichkeit

Trotz der Schwierigkeiten der Regulierung von Landnutzung außerhalb der Stadtgrenzen, können auch in den Städten Maßnahmen zur sozial-ökologischen Transformation beitragen. Urbane Landwirtschaft sichert möglicherweise nur einen Bruchteil der Ernährungsnachfrage, fördert aber dennoch ein nachhaltiges Ernährungssystem auf soziale, ökonomische und/oder bewusstseinsfördernde Weise. Gerade aufgrund der begrenzten Flächenverfügbarkeit und des innovativen Klimas im urbanen Raum kann urbane Landwirtschaft besonders kreative Formen annehmen. Neben klassischen Betrieben finden sich Selbsterntefelder, Gemeinschaftsgärten sowie beispielsweise Pilzproduktion aus Kaffeesud aus der Gastronomie. Entscheidend sind die Rahmenbedingungen, unter denen diese ent- und bestehen.

Fünf Dimensionen von Nähe wurden für die Förderung urbaner Landwirtschaft und eines nachhaltigeren Ernährungssystems identifiziert:

- Die *geografische Nähe* erleichtert den Zugang zu Flächen und Räumen,
- die *soziale Nähe* fördert Akzeptanz durch die Ermöglichung von Begegnungen,
- die *kognitive Nähe* steigert das Bewusstsein mithilfe von Informationen durch Medien, Schulen und soziales Lernen,
- die *institutionelle Nähe* bindet Akteure in den politischen Dialog ein und stellt sicher, dass rechtliche Graubereiche von Innovationen angepasst werden, und
- die *organisatorische Nähe* bietet finanzielle und beratende Unterstützung. (4)

Neben den direkten sozio-ökonomischen Wirkungen und reduzierten Transportemissionen, kann urbane Landwirtschaft auch indirekt zur Veränderung der Konsumgewohnheiten beitragen. In einer Studie aus Madrid konsumierten Teilnehmer*innen an Gemeinschaftsgärten weniger Fleisch als die Vergleichsgruppe und hatten dementsprechend auch einen kleineren Treibhausgas-Fußabdruck. (5) Die Beteiligung an urbaner Landwirtschaft und die damit einhergehende Auseinandersetzung mit dem Thema Nachhaltige Ernährung kann daher indirekt durch eine Reduktion des Fleischkonsums zu einer nachhaltigeren Landnutzung beitragen.

> **Städte können auch trotz eines räumlichen »Mismatchs« mit adäquaten Maßnahmen lokal zur einer nachhaltigen Landnutzung beitragen.**

Neben der direkten Gestaltung der Bedingungen für urbane Landwirtschaft, haben Städte die Möglichkeit, über eine Reihe weiterer Maßnahmen bei der Umstellung von Ernährungsgewohnheiten zu unterstützen. In Wien etwa liegt der Fokus der Ernährungspolitik derzeit auf der Gemeinschaftsverpflegung, indem für die Essensversorgung in Krankenhäusern, Altersheimen oder Kindergärten Regeln für die Beschaffung der Lebensmittel gelten oder Angebote mit reduziertem Fleischanteil geschaffen werden. In die zentrale städtische Klimastrategie („Smart Klima City Strategie") hat die Reduktion des Konsums tierischer Lebensmittel ähnlich wie in anderen Städten hingegen keinen Einzug gefunden. Ein solches Bekenntnis würde jedoch einen klaren Rahmen für ein umfassendes Maßnahmenpaket setzen. Dies könnten Aufklärungskampagnen ähnlich wie zur Bekämpfung anderer Krisen wie beispielsweise der Covid-19-Pandemie sein, die Unterstützung einer Herkunftskennzeichnung in der Gastronomie oder ein Verbot von Fleischwerbung auf öffentlichen Flächen, das beispielsweise in Haarlem, Niederlande, umgesetzt wurde. Folglich können Städte auch trotz dieses räumlichen »Mismatchs« mit adäquaten Maßnahmen lokal zur einer nachhaltigen Landnutzung beitragen.

Anmerkung und Quellen
In diesem Artikel wird nur auf die direkt zitierte Literatur hingewiesen. Ein vollständiges Literaturverzeichnis kann bei der Autorin angefragt werden.
(1) Lauk, C. / Kaufmann, L. et al. (2022): Demand side options to reduce greenhouse gas emissions and the land footprint of urban food systems: A scenario analysis for the City of Vienna. https://doi.org/10.1016/j.jclepro.2022.132064
(2) Semenchuk, P. et al. (2023): The global biodiversity footprint of urban consumption: A spatially explicit assessment for the city of Vienna. https://doi.org/10.1016/j.scitotenv.2022.160576

(3) López Cifuentes, M. et al. (2023): Diverse types of knowledge on a plate: a multi-perspective and multi-method approach for the transformation of urban food systems towards sustainable diets. https://doi.org/10.1007/s11625-022-01287-9
(4) Gugerell, C. / Penker, M. (2020): Change Agents' Perspectives on Spatial-Relational Proximities and Urban Food Niches. https://doi.org/10.3390/su12062333
(5) Puigdueta, I. et al. (2021): Urban agriculture may change food consumption towards low carbon diets. https://doi.org/10.1016/j.gfs.2021.100507

Welchen Zauberstab würden Sie wählen, um Ödland zu revitalisieren?
Keinen. Im Sinne der Entschleunigung nach Hartmut Rosa darf dem Ödland ruhig öd sein.

Zur Autorin
Lisa Kaufmann studierte Ernährungswissenschaften und Soziale Ökologie. Sie hat zu den ernährungsbezogenen Austauschbeziehungen zwischen Stadt und Land promoviert. Als wiss. Mitarbeiterin am Institut für Soziale Ökologie an der Universität für Bodenkultur beschäftigt sie sich mit Themen rund um nachhaltige Landnutzung, Ernährung und Kreislaufwirtschaft.

Kontakt
Dr. Lisa Kaufmann
Universität für Bodenkultur Wien
Department für Wirtschafts- und Sozialwissenschaften (WiSo)
Institut für Soziale Ökologie (SEC)
E-Mail lisa.kaufmann@boku.ac.at

 © 2025 bei der Autorin; Lizenznehmer oekom. Dieser OpenAccess-Artikel wird unter einer Creative Commons Namensnennung 4.0 International Lizenz (CC BY) veröffentlicht. https://doi.org/10.14512/POE012025058

Transformation des urbanen Straßenraums

Wandel durch Ausprobieren

Städte stehen wegen des Klimawandels vor vielfältigen Herausforderungen. Angesichts begrenzter Flächenressourcen suchen sie nach Möglichkeiten, die etablierte Verteilung und Nutzung von Raum den neuen Realitäten anzupassen. Um nachhaltige Mobilitätskonzepte zu testen und den urbanen Raum neu zu gestalten, setzen sie auf Verkehrsversuche.

Von Jan Peter Glock

Bis zu einem Fünftel des städtischen Raumes ist in Deutschland dem Verkehr, insbesondere dem motorisierten Individualverkehr, vorbehalten. Gleichzeitig beanspruchen die städtischen Grundfunktionen Wohnen, Einkaufen, Arbeiten und Erholung den begrenzten Raum. Stadtspezifische Klimawandelfolgen wie Hitzeinseln oder Überschwemmungen werden spürbarer, und mit der Klimawandelanpassung kommt ein weiterer Faktor hinzu, der bei der Flächennutzung berücksichtigt werden muss. Städte suchen daher nach Möglichkeiten, die etablierte Verteilung und Nutzung von Raum den neuen Realitäten anzupassen. Verkehrsflächen spielen dabei eine zentrale Rolle, da Verkehr effizienter organisiert und so Flächen verfügbar gemacht werden können, ohne die Mobilität einzuschränken. Dass diese Transformation des städtischen Raumes in Deutschland nur langsam voranschreitet, hat verschiedene Gründe, auf die Verkehrsversuche als Planungsinstrument reagieren. Die Notwendigkeit von (Verkehrs-)Flächenumwandlung, gepaart mit dem realen Umwandlungspotenzial, ist auf allen Ebenen Teil politischer Strategien. Während auf EU-Ebene etwa der „Neue Europäische Rahmen für urbane Mobilität" (New European Urban Mobility Framework), auf Länderebene mehrere Landesmobilitätsgesetze und auf kommunaler Ebene Pläne für nachhaltige Mobilität im städtischen Raum (Sustainable Urban Mobility Plans) existieren, gibt es – vom Nationalen Radverkehrsplan abgesehen – in Deutschland auf nationaler Ebene kaum Konzepte, die für Neuverteilung werben. Trotz dieser Strategien ist der Fortschritt bei der Umorganisation städtischen Verkehrs relativ klein, was darauf hindeutet, dass Städte bei der Umsetzung von Strategien und Planungsideen auf Hindernisse stoßen:

▫ Die nationale Verkehrsgesetzgebung, insbesondere die Straßenverkehrsordnung (StVO) und deren für das Verwaltungshandeln wichtige Verwaltungsvorschrift, scheint durch ihre bewahrende Ausrichtung für Verunsicherung in Kommunalverwaltungen zu sorgen. Diese Verunsicherung führt in manchen Kommunen zu zögerlichem Agieren, in anderen zu aufwendigem Perfektionismus, um das Risiko von Klagen gegen Maßnahmen nachhaltiger Mobilität zu minimieren. Auch die Aufnahme von Klimaschutz, Gesundheit und Stadtentwicklung als gleichwertige Planungsziele neben flüssigem Verkehr in der 2024 novellierten StVO muss sich erst noch bezüglich nennenswerter Verkehrsflächenumwandlungen beweisen.

▫ Der politische und gesellschaftliche Diskurs um die normative Ausrichtung von Verkehrspolitik und -planung kann ähnlich hemmend wirken.

▫ Sogar eine erkenntnistheoretische Grundsatzdebatte kann ein Hindernis sein: Müssen (a) die Folgen einer Veränderung vor Maßnahmenumsetzung belegbar sein? Dürfen (b) bestehendes Wissen zu ähnlichen Maßnahmen oder (c) strategische Zielsetzungen Grundlage der Entscheidungen sein? Neben rechtlichen, politischen, zivilgesellschaftlichen und epistemologischen Herausforderungen sind nicht zuletzt die hohen Kosten für den Umbau von Verkehrsinfrastruktur ein relevanter Faktor bei der Umorganisation des Verkehrssystems.

Temporäre Experimente als Planungsinstrument
In diesem Kontext gewinnen experimentelle Ansätze als „neuer Modus Operandi der Verkehrsplanung" (1) an Bedeutung. In Deutschland bedeutet das in erster Linie das Durchführen von Verkehrsversuchen. Das sind im Wesentlichen temporäre Umwandlungen von Straßenraum, wie zum Beispiel die Umwidmung von Straßen-

parkplätzen oder von Autospuren in Bussonderfahrstreifen oder Radfahrstreifen, aber auch die Umwandlung von Parkplätzen (z. B. *Brühl macht Platz*, Brühl), die Sperrung von Straßen für den Schleichverkehr in Wohngebieten (z. B. *Kiezblock*, Komponistenviertel Berlin) oder Straßenöffnungen (2) mit Parklets (3) und Blumenkübeln (z. B. *Ottensen macht Platz*, Hamburg, oder *Superblock West*, Stuttgart). Seltener sind Versuche, die lediglich Verkehrsregeln modifizieren, ohne den Verkehrsraum zu verändern (z. B. durch Änderung der Vorfahrtsregeln). Kommunen führen Verkehrsversuche durch, um Alternativen zum Status quo der städtischen Mobilität aufzuzeigen. Sie sind dabei aber dahingehend limitiert, dass alle rechtlichen Voraussetzungen, die für eine endgültige Anordnung vorliegen müssten, auch schon zum Zeitpunkt des Versuchs gegeben sein müssen. Damit handelt es sich eigentlich um eine temporäre, bestenfalls eine vorgezogene Umwandlung, die kommunale Behörden auf Straßenebene umsetzen, um aus der Folgenabschätzung zu lernen. Dieses gesetzlich abgeleitete Verständnis von Verkehrsversuchen unterscheidet sich von künstlerischen oder aktivistischen Eingriffen in den Verkehrsraum, die nicht erkenntnisteoretisch motiviert sind, wie etwa sogenannte »Reparaturen« von Kreuzungen (intersection repairs), bei denen der Asphalt auf Kreuzungen durch die Bewohnerschaft mit Farbe gestaltet wird. (4)

Wieso Verkehrsversuche?

Versteht man Verkehrsversuche als Reaktion auf die neuen Realitäten des Klimawandels, den daraus resultierenden Anpassungsbedarf und die notwendige Neuverteilung städtischen Raums, stellt sich die Frage, ob diese Reaktion zielführend ist. Denn die Praxis zeigt, dass Verkehrsversuche teuer und zeitaufwendig sind, ihre Auswirkungen oft nicht dauerhaft bleiben, sie Gegenreaktionen hervorrufen können (vgl. S. 39 ff.) und somit eine Lücke zwischen langfristigen Zielen und den tatsächlichen Ergebnissen vor Ort entstehen kann.

Was also sind die Gründe, wegen derer Stadtverwaltungen Verkehrsversuche durchführen? In Interviews mit Transformationswissenschaftler*innen und Mobilitätsplaner*innen konnte ich zehn Gründe identifizieren (vgl. Tab 1), wegen derer Verkehrsversuche das Potenzial haben können, den rechtlichen, politischen, zivilgesellschaftlichen, epistemologischen und finanziellen Herausforderungen zu begegnen.

1 Gründe für Verkehrsversuche aus Forschung und Praxis

Kontextuelle Gründe

Komplexität — Die Planung von Verkehrssystemen findet nicht im luftleeren Raum statt. Parallele Herausforderungen erfordern Ansätze, die es ermöglichen, Perspektiven zu verstehen, zu integrieren und Grenzen auszuloten.

Unsicherheit — Komplexe Herausforderungen bergen durch ihre langfristigen und mitunter unbekannten Zusammenhänge und Abhängigkeiten Unwägbarkeiten, die in herkömmlichen Planungsansätzen keinen Platz haben. Unsicherheiten müssen bewusster Teil der Planung sein.

Lock-in — Klassische Planung ist teils von Silodenken und technokratischer Entscheidungsfindung geprägt. Das erschwert eine großflächige und tiefgreifende Neuverteilung städtischen Raumes.

Fakten — Mit der Kritik gegenüber klassischer Planung geht die Forderung nach evidenzbasierter Planung einher. Deren Selbstverständnis als Planungsparadigma grenzt sich von den linearen Vorhersagen (Verkehrsprognosen) der klassischen Planung ab.

Erwartungen — Zivilgesellschaftliche und politische Akteur*innen erwarten Verkehrsversuche in ihrem Lebensumfeld und Wirkungskreis.

Intrinsische Gründe

Radikalität — Verkehrsversuche erlauben tiefgreifende, raumwirksame Veränderungen im Verkehrssystem, indem sie gegenüber den engen Grenzen der klassischen Verkehrsplanung wahrhaft neue Ansätze ausprobieren können. Sie sind außerdem radikal, wenn sie ihr innovatives Potenzial nutzen und gesellschaftliche und politische Diskurse initiieren.

Zeitlichkeit — Die »Endlichkeit« von Verkehrsversuchen erlaubt schnellere Umsetzungen gegenüber langwierigen Planungsverfahren. Gleichzeitig eröffnet das Wissen um die Umkehrbarkeit einen sicheren Raum für Unkonventionelles. Im Ergebnis sind Verkehrsversuche dadurch auch eine Methode, um Akzeptanz für Maßnahmen zu schaffen, die sonst nur geringe Umsetzungschancen gehabt hätten.

Lernen — Lernen als fest verankerter Bestandteil von Verkehrsversuchen erlaubt es, dass Beteiligte Kenntnisse, Fähigkeiten und Fertigkeiten ausbilden (Capacity Building), die für eine tiefgreifende Umorganisation des städtischen Verkehrssystems hilfreich sein können (z. B. Kommunikation oder Verwaltungsprozessen).

Partizipation — Verkehrsversuche ermöglichen Beteiligung nicht nur in der Planungsphase, sondern auch, wenn bereits etwas (temporär) umgesetzt wurde. So kann die Verwaltung in einen bereichernden Dialog mit Beteiligten treten.

Evaluation — Sowohl die weitreichenden Partizipationsmöglichkeiten, als auch die Evaluation als fester Bestandteil von Verkehrsversuchen erlaubt es, temporäre Veränderungen immer wieder anzupassen (trial-and-error). Gegenüber Modellprognosen erlaubt die Evaluation die fundierte Erfassung der Akzeptanz eingeführter Maßnahmen und die Abschätzung zu erwartender Folgen (z. B. Folgekosten durch Lärmschutz durch Verkehrsmengenverlagerung).

> **Kommunen führen Verkehrsversuche durch, um Alternativen zum Status quo der städtischen Mobilität aufzuzeigen.**

Einerseits sind dies kontextuelle Gründe, die von außen auf die Verkehrsplanung einwirken. Andererseits sind es intrinsische Gründe, durch die Verkehrsversuche auf diese Einwirkungen reagieren können.

Darüber hinaus identifiziert die kritische Literatur drei strittige Gründe für das Experimentieren in der Stadt: Experimentieren wird zum einen mit der Hoffnungslosigkeit und der therapeutischen Wirkung, die entsteht, wenn kurzfristig andere Realitäten ausprobiert werden, verknüpft. (5) Zum anderen werden Straßenexperimente als fester Bestandteil der post-politischen Planung gesehen, in der Entscheidungsspielräume top-down eingeschränkt werden und Partizipation nur ein Feigenblatt ist. (1) Drittens wird auf die haushaltspolitische schwierige Lage vieler Kommunen verwiesen. In diesem Sinne ermöglichen Verkehrsversuche Handlungsfähigkeit, da Provisorien geringere Baukosten verursachen und mit intradisziplinären Akteurskonstellationen Kosten ausgelagert werden können (z. B. durch Kooperationen mit Hochschulen).

Mehr verkehrspolitischer Mut ist gefragt

Städte probieren, Verkehr nachhaltiger zu gestalten und dabei Raum für andere Flächennutzungen zu schaffen. Wissenschaft und Planungspraxis sehen Verkehrsversuche als Planungsinstrument mit Potenzial für die Transformation städtischer Verkehrssysteme. Dabei nennen sie Gründe, die weit über direkte, raumwirksame Effekte hinaus gehen. Allerdings entsprechen Verkehrsversuche selten dem transformativen Ideal, das den genannten Gründen gerecht werden kann. Demnach braucht es mutige Verkehrsversuche, um Flächen langfristig umwandeln zu können. Und es braucht eine ganzheitliche Betrachtung der Wirkung von Verkehrsversuchen, um einschätzen zu können, ob sich der Mut auszahlt.

Anmerkungen und Quellen

(1) Verlinghieri, E. / Vitale Brovarone, E. / Staricco, L. (2023): The conflictual governance of street experiments, between austerity and post-politics. In: Urban Studies, Artikel 00420980231193860.
(2) Gemeint ist die Öffnung des Straßenraumes für nicht verkehrliche Nutzungen oder nichtmotorisierte Verkehrsteilnehmende. Der Begriff Straßenöffnung wird in bewusster Abgrenzung gegenüber Straßensperrung verwendet, da der Raum lediglich für KfZ gesperrt, aber für alle anderen geöffnet wird.
(3) Parklets bezeichnen die meist temporäre Umnutzung einzelner Parkplätze mithilfe von Stadtmöbeln, wie Sitzgelegenheiten, Tischen, Bücherschränken oder ähnlichem.
(4) Glock, J. P. (2023): Reallabor, Real-Labor, Intervention oder Verkehrsversuch? Konzeptionelle Aufarbeitung der Begriffsvielfalt um Ansätze des Wandels im Kontext der Umwandlung städtischen Verkehrsraums. In: Journal für Mobilität und Verkehr (19/2023), S. 2-14.
(5) Blühdorn, I. (2023): Recreational experientialism at 'the abyss': rethinking the sustainability crisis and experimental politics. In: Sustainability: Science, Practice and Policy (19, (1) 2023), Artikel 2155439.

Welchen Zauberstab würden Sie wählen, um Ödland zu revitalisieren?

Schön wär's, wenn man in der Stadtentwicklung überhaupt Mut zur Zauberei hätte – auch gegen Widerstände.

Zum Autor

Jan Peter Glock ist Mobilitätswissenschaftler mit einem Master für Umwelt- und Nachhaltigkeitswissenschaften. Nach fünf Jahren am Lehrstuhl für Verkehrsökologie der TU Dresden koordiniert er seit 2022 das Leuchtturmprojekt Advancing the New European Bauhaus am Umweltbundesamt.

Kontakt

Jan Peter Glock
Umweltbundesamt
E-Mail Jan-Peter.Glock@uba.de

  © 2025 beim Autor; Lizenznehmer oekom. Dieser OpenAccess-Artikel wird unter einer Creative Commons Namensnennung 4.0 International Lizenz (CC BY) veröffentlicht.
https://doi.org/10.14512/POE012025065

LAND IN SICHT

Regenerative Landwirtschaft, mehr Schutzgebiete und neue Eigentumsmodelle – die Konzepte des nachhaltigen Landmanagements haben durchaus Potenzial. Doch der Spagat zwischen Nutzung und Schutz ist nicht einfach und braucht klare politische Leitplanken. – Warum müssen wir Agrarflächen sichern? Was bringen Naturschutzlabel für Lebensmittel? Welche Wege aus dem Landnutzungstrilemma gibt es?

Transformatives Landschaftsmanagement

Regeneratives Wirtschaften ist möglich!

Für den Umgang mit komplexen Problemen wie Artensterben, Wassermangel oder Nitratbelastung gibt es kein Patentrezept. Viel wichtiger sind gemeinsame Werte und Ziele. Nur so gelingen kontinuierliches Engagement und Zusammenarbeit auf Augenhöhe. Transdisziplinäre Wissenschaft kann helfen, diese Werte zu finden.

Von Johannes Halbe und Raissa Ulbrich

Unsere arbeitsweltliche Differenzierung und Spezialisierung – administrativ, sektoral und disziplinär – erschweren bekanntermaßen kooperative Prozesse. Ein Abtauchen in disziplinäres Detailwissen kann eine Entscheidungslähmung (Analyse-Paralyse) zur Folge haben, die konkretes Handeln und eine Kommunikation verhindert. Dies kann auf lange Sicht Misstrauen gegenüber Expert*innenwissen und daraus abgeleiteten Handlungsempfehlungen auslösen. Erforderlich sind neue Wege der Zusammenarbeit auf Augenhöhe zwischen verschiedenen Interessens- und Wissensgemeinschaften, Entscheidungsträgern und innovativen Akteuren, um aus den alten Denk- und Handlungsweisen auszubrechen.

Der Ansatz des transformativen Landschaftsmanagements basiert auf der Einsicht, dass ein struktureller, sektorübergreifender Wandel erforderlich ist. Die Überschreitung von ökologischen Kapazitätsgrenzen bedarf dringend innovativer, regenerativer Ansätze in der Landnutzung, die positive Effekte auf Artenvielfalt, Wasserressourcen und Bodenqualität haben. Es geht also nicht nur darum, nachhaltig zu wirtschaften (im Sinne von: negative Effekte auf die Natur zu vermeiden), sondern auch darum, der Natur etwas zurückzugeben. Die Landschaft mit ihren sozio-kulturellen und biophysikalischen Charakteristika dient hier als integrierender Rahmen. Der Landschaftsansatz ermöglicht es, städtische und ländliche Regionen sowie verschiedene Sektoren (Land- und Forstwirtschaft, Naturschutz, Verwaltung) zusammenzubringen, Synergien zu entdecken und damit auch großräumige Effekte zu erzielen. (1)

Die drei Wissensarten der transformativen Forschung sind auch für ein transformatives Landschaftsmanagement zentral (2):

- Systemwissen – der Istzustand: Verständnis der biophysikalischen und sozio-kulturellen Voraussetzungen. Dazu gehört das Wissen über bestehende Lösungen.
- Zielwissen – der Sollzustand: Wissen über wünschenswerte Zukünfte in Bezug auf einzelne Sektoren sowie deren Zusammenwirken.
- Transformationswissen: Wissen über mögliche Pfade zur Überbrückung von Ist- und Sollzustand. Dazu zählt Handlungswissen, um möglichst schnell Maßnahmen umzusetzen.

Anhand exemplarischer Beispiele des durch die Deutsche Bundesstiftung Umwelt (DBU) geförderten Forschungsprojekts „Transformatives Landschaftsmanagement" (T-LaMa), stellen wir im Folgenden die verschiedenen Prozessschritte und deren entsprechende Charakteristika vor.

Systemwissen: Landschaftsprozesse verstehen, Innovationen sichten

Die Wahl eines geografischen Bezugsrahmens bietet sich als erster Schritt an. Je nach Problemkonstellation kann dies einen Landschaftstyp, ein Wassereinzugsgebiet, einen Grundwasserkörper oder geohydrologischer Teilraum umfassen. Dabei ist es wichtig, auch die Limitierungen der Wahl der Systemgrenzen zu berücksichtigen, da sozial-ökologische Systeme aufgrund ihrer Komplexität und Wechselwirkungen oftmals keine klare Grenzziehung erlauben.

Im zweiten Schritt erfolgt die Sammlung von empirischen Daten zum derzeitigen Zustand des Systems, wie zum Beispiel in Bezug auf Landbedeckung, Bodenqualität, Wasserverfügbarkeit und Demografie. Dazu zählt auch die Aufstellung eines Inventars an Nachhaltigkeitsinnovationen im Bezugsraum, wie etwa existierende regenerative Geschäftsmodelle aus der Forst- und Landwirtschaft. Im nächsten Schritt können die identifizierten Innovationen durch vertiefte Interviews mit beteiligten Akteuren näher untersucht werden, beispielsweise in Bezug auf deren Umweltauswirkungen oder hindernde und fördernde Einflussfaktoren. Systemwissenschaftliche Methoden wie Kausaldiagramme sind hier hilfreich, um die Zusammenhänge zwischen Innovation, Effekten und Einflussfaktoren von Praxisakteuren systematisch zu erfassen (vgl. Abb. 1). Kausaldiagramme ermöglichen zudem auch einen Vergleich von Systemperspektiven von Akteuren, wodurch neue Einsichten sowie Gründe für mögliche Konflikte auftauchen können. (3)

1 Kausaldiagramm aus einem Interview zum Geschäftsmodell „Solidarische Landwirtschaft"

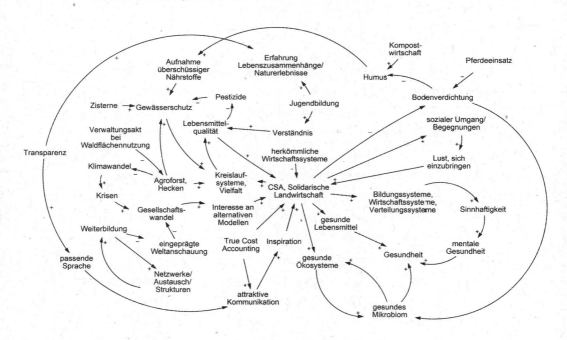

Pfeile mit positiver Polarität (+) markieren gleichgerichtete Zusammenhänge, Pfeile mit negativer Polarität (-) inverse Zusammenhänge.

_Quelle: Eigene Darstellung.

Zielwissen: Positive Visionen von regenerativer Landwirtschaft

Die Erstellung von Zukunftsvisionen ist ein kraftvoller Ansatz, um eine gemeinsame Wertebasis und Zielausrichtung in diversen Gruppen zu finden. Hier können unterschiedliche Kreativmethoden wie Visualisierungsübungen oder Collagen zum Einsatz kommen, um diverse Zukunftsvisionen für regenerative Land- und Forstwirtschaft zu entwerfen und zu diskutieren.

Eine positive Zukunftsvision, in der verschiedene Innovationen miteinander verbunden werden, könnte dann beispielsweise so aussehen: „In der Zukunft stehen Stadt und Land in einer starken Beziehung zueinander. Verantwortungsbewusstsein und ein Verständnis für natürliche Kreisläufe prägen das tägliche Handeln. Wochenmärkte, Direktvermarktung, Solidarische Landwirtschaft und neue genossenschaftliche Geschäftsmodelle führen zu einer lebhaften regionalen Wertschöpfung in Zusammenhang mit Naturschutz. Überall gibt es Gelegenheiten für Menschen, klein und groß, der Natur zu begegnen, und sich als ein Teil von ihr zu verstehen. Wasser wird als kostbarer Grundbaustein des Lebens wertgeschätzt, vor Ort versickert und achtsam genutzt. Eine Kombination aus kleinteiligem Ackerland, Agroforstsystemen, blühenden Wiesen, Wildkräutern, Hecken, Waldgärten und vielfältigen Mischwäldern prägt die Landschaft. Überall gibt es Begegnungsräume, in denen Menschen sich miteinander vernetzen und Wissen teilen können. Das fördert die Gemeinschaft und das Vertrauen. Öffentlicher Verkehr verbindet Siedlungsräume miteinander, die durch begrünte Dächer und Hauswände von oben saftig grün erscheinen."

Im nächsten Schritt können verschiedene Analyse- und Modellierungsmethoden angewendet werden, um Visionen zu analysieren und in Bezug auf deren Wirkung und Kohärenz zu bewerten. (4) Potenzialanalysen können zudem passende Räume zur Ausbreitung der Innovationen innerhalb der gewählten Systemgrenzen spezifizieren.

Transformationswissen: Handlungswissen durch Prototypen schaffen

In diesem Schritt geht es darum, ins Handeln zu kommen und aus den gesammelten Erfahrungen zu lernen. Interviews mit Vorreitern in der Region erlauben die Identifizierung von Faktoren, die die Umsetzung der Innovationen fördern oder hemmen können. Es wird dabei oftmals deutlich, dass die vielversprechendsten

Maßnahmen die Zusammenarbeit verschiedener Akteure aus unterschiedlichen Sektoren erfordern, sogenannte Interaktionskontexte. Im T-LaMa Projekt wurde beispielsweise für die Landwirtschaft ein Netzwerk zur Ernährungssouveränität als wesentlicher Hebel zur Umsetzung der Positivvision herausgearbeitet. Für die Forstwirtschaft wurde ein Erfahrungsraum für Landschaftszusammenhänge als zentral erachtet, um Synergien zwischen Land- und Forstwirtschaft und Naturschutz zu identifizieren und kooperative Lösungen zu unterstützen. Ausgehend von diesen notwendigen Interaktionskontexten wurden zwei Innovationsplattformen eingerichtet, um mit ausgewählten Akteuren über den Zeitraum eines Jahres, die identifizierten Hebelpunkte prototypisch umzusetzen.

> „ Es braucht Foren, in denen lösungsorientierte Akteure zusammenkommen, sich austauschen, voneinander lernen und gemeinsam ins Handeln kommen. "

Ein transformatives Landschaftsmanagement bedarf der Kombination aller drei Wissensarten der transformativen Forschung. Es stellt sich jedoch die Frage, wie sich Wissen aus vorherigen Schritten bewahren und verständlich in den nächsten Schritt integrieren lässt. Kausaldiagramme haben sich hier als geeignete Methode zur Wissensintegration erwiesen. Sie ermöglichten die systemische Analyse von Innovationen und Landschaftszusammenhängen (Systemwissen), die Entwicklung von Zukunftsvisionen (Zielwissen) und die Identifikation von Hebelpunkten (Transformationswissen). Diese Methode stellt komplexe Zusammenhänge verständlich dar und kann als effektives Grenzobjekt („boundary object") in partizipativen Prozessen fungieren.

Wie in anderen partizipativen Projekten zeigte sich auch im T-LaMa Projekt, dass die aktiv beteiligenden Menschen den Verlauf des Projektes maßgeblich prägen.

Dies erforderte eine methodische, aber auch inhaltliche Flexibilität des Projektteams und des Fördergebers. So war die Zielrichtung der Innovationsplattformen auf sozial-ökologische Interaktionen im Nachhinein betrachtet beachtlich, da das Projekt zunächst stark auf Geschäftsmodelle und deren Auswirkungen auf den Grundwasserkörper fokussiert war. Für die Akzeptanz von und den bewussten Umgang mit Unsicherheiten, spielte das sogenannte Prototyping eine zentrale Rolle. Dabei geht es darum, die gesammelten Ideen schnell in konkrete und kurzfristig realisierbare Maßnahmen zu übersetzen. Eine intensive Reflektion und ein detailliertes Monitoring des Umsetzungsprozesses gewähren wertvolle Einsichten bezüglich effektiver Hebelpunkte in komplexen Systemen. Dabei geht es darum, die gesammelten Ideen schnell in konkrete und kurzfristig realisierbare Maßnahmen zu übersetzen. Eine intensive Reflektion und ein detailliertes Monitoring des Umsetzungsprozesses gewähren wertvolle Einsichten bezüglich effektiver Hebelpunkte in komplexen Systemen.

Vorhandene Innovationen besser nutzen
Viele notwendige Innovationen sind bereits verfügbar. Ihre Umsetzung scheitert jedoch oft daran, dass verschiedene Bereiche nicht vernetzt denken und zu wenig zusammenarbeiten. Daher können sie keine transformative Wirkung entfalten. Die Projektergebnisse zeigen, dass es Foren braucht, in denen lösungsorientierte Akteure zusammenkommen, sich austauschen, voneinander lernen und gemeinsam ins Handeln kommen. Transformative Wissenschaft kann durch die Schaffung eines neutralen Beteiligungsraums andere Akteure unterstützen. Dafür braucht es jedoch einen flexiblen Projektrahmen, um den spezifischen Bedürfnissen vor Ort gerecht zu werden sowie die Einbindung von Akteuren aus unterschiedlichen Sektoren zu ermöglichen.
Durch die beiden Innovationsplattformen konnte das T-LaMa-Projekt demonstrieren, wie sich solche Foren gezielt initiieren lassen – ob sie jedoch langfristig ihre transformative Wirkung entfalten, muss die Zukunft zeigen.

Literatur

(1) WBGU – Wissenschaftlicher Beirat der Bundesregierung Globale Umweltveränderungen (2020): Landwende im Anthropozän: Von der Konkurrenz zur Integration. Berlin.
(2) Pohl, C. / Hirsch Hadorn, G. (2007): Principles for Designing Transdisciplinary Research. München.
(3) Halbe, J. / Pahl-Wostl, C. / Lange, M. A. / Velonis, C. (2015): Governance of transitions towards sustainable development – the water-energy-food nexus in Cyprus. In: Water International 40 (5-6), S. 877-894.
(4) Halbe, J. / Adamowski, J. (2019): Modeling sustainability visions: A case study of multi-scale food systems in Southwestern Ontario. In: Journal of Environmental Management, 231, S. 1028-1047.

Welchen Zauberstab würden Sie wählen, um Ödland zu revitalisieren?

a) Einen für die Förderung von Naturverbundenheit, Kreativität, Kooperation und Pragmatismus.

b) Einen, der ein regeneratives Wirtschaftssystem, dessen primärer Daseinszweck lebendige Ökosysteme und gesunde Gemeinschaften sind, herbeizaubert.

Zu den Autor*innen

a) Johannes Halbe ist derzeit Vertretungsprofessor für Ressourcenmanagement am Institut für Geographie und am Institut für Umweltsystemforschung der Universität Osnabrück. Er hat einen interdisziplinären Hintergrund durch Studienabschlüsse in Bauingenieurwesen und Volkswirtschaftslehre sowie Promotionen in der Systemwissenschaft und dem Bioresource Engineering.

b) Raissa Ulbrich hat einen Bachelor in Environmental & Resource Management und einen Master in Industrial Ecology. Seit 2022 arbeitet sie als wiss. Mitarbeiterin an den Instituten für Geographie und für Umweltsystemforschung der Universität Osnabrück in transdisziplinären Forschungsprojekten zur Transformation unserer Ernährungssysteme.

Kontakt

Dr. Dr. Johannes Halbe
Raissa Ulbrich
Universität Osnabrück
Institut für Umweltsystemforschung
E-Mail jhalbe@uos.de,
raissa.ulbrich@uos.de

  © 2025 bei den Autor*innen; Lizenznehmer oekom. Dieser OpenAccess-Artikel wird unter einer Creative Commons Namensnennung 4.0 International Lizenz (CC BY) veröffentlicht. https://doi.org/10.14512/POE012025072

Naturschutzlabel für Lebensmittel

Sinniges Werkzeug für die Praxis?

Produktlabel bieten die Möglichkeit, über die Herkunft und die Umweltfreundlichkeit von Produkten zu informieren, weit über die bloße Kennzeichnung hinaus. Die umwelt- und klimaorientierte Kennzeichnung von Lebensmitteln gilt als Hoffnungsträgerin, um bewusste Kaufentscheidungen im Sinne des Naturschutzes zu fördern.

Von Christoph Schulze und Bettina Matzdorf

Die Gemeinsame Agrarpolitik (GAP) ist das zentrale Instrument der EU zur Steuerung und Förderung der Landwirtschaft. Sie hat weitreichenden Einfluss auf die Agrarumweltpolitik und die ländliche Entwicklung. Während die EU die Rahmenbedingungen festlegt, liegt die konkrete Umsetzung und Ausgestaltung der Maßnahmen größtenteils in der Hand der Mitgliedstaaten. Das führt zu nationalen Unterschieden in der Praxis. Neben der Einkommenssicherung der Landwirt*innen beabsichtigt die GAP, auch die nachhaltige Nutzung landwirtschaftlicher Flächen zu fördern. Erreicht werden soll dies durch ganzheitlich ökologische Bewirtschaftungsweisen wie den Ökolandbau oder gezielten Naturschutz in Form von Blüh- und Brachflächen, finanziert durch freiwillige Agrarumwelt- und Klimamaßnahmen. Trotz ambitionierter Bemühungen ist jedoch ein starker Rückgang der Artenvielfalt auf deutschen und europäischen Agrarflächen zu verzeichnen. Um darauf zu reagieren und zusätzliche Pufferzonen für den Naturschutz zu schaffen, sollen gezielt Habitate für bedrohte Arten eingerichtet werden. Da Landwirt*innen diese Aufgabe nicht alleine stemmen können, sind gemeinsame Anstrengungen aller Akteur*innen des Ernährungssystems erforderlich, um Flächen für den Naturschutz zurückzugewinnen.

Auf europäischer Ebene werden – im Rahmen des sogenannten Green Deal – in der Biodiversitätsstrategie Pläne für verstärkten Naturschutz in der Landwirtschaft konkretisiert. Die Strategie sieht vor, künftig zehn Prozent der landwirtschaftlich genutzten Flächen für wertvolle Landschaftselemente wie Hecken, Blühstreifen, Brachflächen oder Sölle zu reservieren. Um diese ehrgeizigen Ziele zu erreichen, braucht es einen ganzheitlichen Ansatz, der alle Beteiligten des Ernährungssystems mit einbezieht. Wie lassen sich die Zielsetzungen effektiv realisieren? Und welche Rolle kann dabei ein neues Naturschutzlabel spielen, um Konsument*innen den Mehrwert der naturschutzorientierten Landwirtschaft näherzubringen?

Neue Weichenstellung zum nachhaltigen Konsum

Um den Konsum von nachhaltigen Produkten zu vereinfachen, beabsichtigt die EU unter dem breiten Mantel des Green Deal künftig auch, auf der Seite der Konsument*innen politische Maßnahmen umzusetzen. So finden sich in der sogenannten Farm-to-Fork-Strategie („Vom Erzeuger auf den Tisch") Elemente wie das Rahmenwerk zur nachhaltigen Produktkennzeichnung (Sustainable Labelling Framework) oder die Richtlinie über gemeinsame Kriterien gegen Grünfärberei und irreführende Umweltaussagen (Green-Claims-Initiative). Sie haben das Ziel, den Konsument*innen Werkzeuge an die Hand zu legen, um fundierte und nachhaltige Kaufentscheidungen zu treffen.

Eines dieser Werkzeuge sind Produktlabel, die auf Verpackungen und Einkaufsregalen auf entsprechende Charakteristika des Produkts hinweisen. Generell gesprochen kennzeichnen Label Produktinformationen, die für Konsument*innen auf den ersten Blick nicht unbedingt ersichtlich sind. So weisen etablierte Produktlabel, wie etwa EU-Bio-, Naturland- oder Bioland-Siegel, beispielsweise auf nachhaltige Bewirtschaftungsweisen in der Landwirtschaft hin, die Konsument*innen bei der direkten Begutachtung der Produkte nicht erkennen können. Das ist zwar ein guter Ansatz, reicht aber nicht für eine positive Umweltwirkung im Sinne der Biodiversitätsstrategie aus. Verbessertes Tierwohl sowie der reduzierte Einsatz von Pflanzen-

> **Konsument*innen wollen sicher sein, dass der Preisaufschlag tatsächlich den Akteuren zugutekommt, die sich für den Naturschutz engagieren.**

schutz- und Düngemitteln tragen zu einer nachhaltigeren Landnutzung bei, bieten jedoch nicht per se zusätzliche Habitate für bedrohte Arten.

Intensive Naturschutzmaßnahmen auf Agrarflächen, finanziert durch Agrarumwelt- und Klimamaßnahmen oder Vertragsnaturschutzprogramme – wie etwa artenreiche Ackerrandstreifen oder artenschutzgerechte Grünlandnutzung – erhalten von Konsument*innen bislang oft wenig Aufmerksamkeit. Daher stellt sich die Frage, ob sich Naturschutz als zusätzliche Kategorie in bestehende Label integrieren lässt oder ob es dafür neue Label braucht. Um diese Frage zu beantworten, führten Wissenschaftler*innen vom Leibniz Zentrum für Agrarlandschaftsforschung in ausgewählten europäischen Ländern Interviews mit Produzent*innen von Nahrungsmitteln, dem Einzelhandel und Labelverbänden. Ziel war es, herauszufinden, ob Produktlabel ein geeignetes Mittel zur Kennzeichnung von Ökosystemleistungen sind und ob Konsument*innen diese wertschätzen würden. Aus den Interviews konnten drei Prototypen für neue Produktlabel erstellt werden, die sich hinsichtlich einiger grundlegender Aspekte differenzieren lassen:

1) ein von Produzent*innen aus gesteuertes Label für Ökosystemdienstleistungen,
2) ein verbraucherorientiertes Informationslabel und
3) ein neues EU-Nachhaltigkeitslabel für Lebensmittel.

Die Prototypen unterscheiden sich in ihrer Eigenständigkeit, Finanzierung und Art der bereitgestellten Information. Während die ersten beiden eigenständige neue Label darstellen, könnte der dritte als Ergänzung bestehender Label fungieren. Die finanzielle Unterstützung für am Label teilnehmende Landwirt*innen reicht von staatlichen Subventionen und Preisaufschlägen bis zur ausschließlichen Finanzierung durch Konsument*innen. Zudem variieren die dargestellten Informationen – von detaillierten Daten mit QR-Codes bis hin zu vereinfachten Skalen wie dem NutriScore. (1)

Um die Reaktionen der Verbraucher*innen auf ein neues Naturschutzlabel zu untersuchen, wurde aufbauend auf den Expert*inneninterviews eine großangelegte Befragung mit Konsument*innen durchgeführt. Die Teilnehmenden wurden in Entscheidungssituationen versetzt, in denen sie zwischen Produkten mit und ohne Naturschutzlabel zu unterschiedlichen Preisen wählen mussten. Das getestete Label verknüpfte dabei drei zentrale Zielsetzungen der Farm-to-Fork- und Biodiversitätsstrategie: Erstens sollen Konsument*innen zu nachhaltigeren Konsumentscheidungen ermutigt werden, zweitens sollen Landwirt*innen, die auf zehn Prozent ihrer Flächen naturschutzintensive Agrarumwelt- und Klimamaßnahmen umsetzen, durch das Label sichtbar(er) werden und drittens sollen die Einkommen dieser Landwirt*innen gestärkt werden. Dementsprechend wurde in den Auswahlsituationen vermerkt, wie hoch der Anteil am Preis ist, der am Ende bei Landwirt*innen ankommt.

Das Rad muss nicht neu erfunden werden
Anstatt also zusätzliche Kriterien für ein neues Label zu definieren, wurde auf das Konzept der Agrarumwelt- und Klimamaßnahmen zurückgegriffen und dieses mit Forderungen aus dem Green Deal in einem systemischen Ansatz gebündelt: Die Effekte dieser Maßnahmen sind mittlerweile erfasst, die Implementierung klar dokumentiert und die zugrunde liegenden rechtlichen Rahmenbedingungen den Akteur*innen weitreichend bekannt. Des Weiteren registrieren Landwirtschaftsämter und Zahlstellen die Umsetzung von Maßnahmen zum Agrarumwelt- und Klimaschutz genau, damit sie die entsprechenden Subventionen auszahlen können. Das erleichtert die Administration eines solchen Labelansatzes erheblich. Statt also das Rad neu zu erfinden, scheint die Verknüpfung von Agrarumwelt- und Klimamaßnahmen mit Produktlabeln ein logischer Weg, um durch Produktaufpreise zusätzliche Anreize für Landwirt*innen zu schaffen, mehr Umweltschutz auf Agrarflächen zu betreiben.

Die Befragung zeigt, dass Verbraucher*innen bereit sind, einen Aufpreis für Produkte mit einem Naturschutzlabel zu zahlen, insbesondere wenn ein größerer Anteil des Preises den Landwirt*innen zugutekommt. Transparenz ist hierbei entscheidend – die Konsument*innen wollen sicher sein, dass der Preisaufschlag tatsächlich den Akteuren zugutekommt, die sich für den Naturschutz engagieren.

Interessanterweise waren die Konsument*innen nicht nur bereit, für bestehende Label wie das EU-Bio-Label einen Aufpreis zu zahlen, sondern zeigten auch eine Zahlungsbereitschaft für zusätzliche Naturschutzlabel. Diese Ergebnisse bestätigen sich über die einzeln untersuchten sechs Länder hinweg (Deutschland, Niederlande, Polen, Schweden, Spanien und Ungarn), mit einigen Schwankungen in den jeweiligen Zahlungsbereitschaften. Aus politischer Sicht ist besonders spannend, dass nicht nur öffentliche Gelder, sondern auch private finanzielle Mittel für Agrarumwelt- und Klimamaßnahmen eingesetzt werden können. Das ermöglicht eine breitere Finanzierung solcher Initiativen.

Feedback aus dem politischen Raum
Um die Akzeptanz im politischen Raum zu analysieren, wurden anschließend Interviews mit Expert*innen und Entscheidungsträger*innen in relevanten Behörden und Ministerien und Beratungsunternehmen sowie Expert*innen der Europäischen Kommission durchgeführt. Im Rahmen der durchgeführten Interviews konnte zusammenfassend ein Interesse an diesem Ansatz im politischen Raum identifiziert werden. Die Befragten wiesen gleichzeitig auf mögliche Hindernisse hin, wie etwa einen Anstieg der Bürokratie und Schwierigkeiten bei der praktischen Umsetzung in verschiedenen Gebieten. Die aktuell bestehende bürokratische Auslastung lasse einen möglichen Mehraufwand durch ein neues Produktlabel nicht zu. Zunächst gelte es zu definieren, welche zielgerichteten Naturschutzmaßnahmen aus dem Kanon der Agrarumwelt- und Klimamaßnahmen als relevant für eine Zertifizierung bewertet werden können. Da die Maßnahmenkataloge für Agrarumwelt- und Klimamaßnahmen auf föderaler Ebene unterschiedlich sind, könne keine einheitliche Implementierung des Labels gewährleistet werden.
Ein zentrales Thema bleibt die Frage, ob Landwirt*innen überhaupt Interesse an einem neuen Label haben. Die Teilnahme an einem solchen Label könnte für sie zusätzliche bürokratische Anforderungen mit sich bringen. Zudem ist unklar, ob der Einzelhandel bereit ist, entsprechende Produkte ins Sortiment aufzunehmen. Es muss daher zunächst geklärt werden, welche Anforderungen Landwirt*innen an ein neues Labelsystem stellen, und welche staatlichen Rahmenbedingungen erfüllt werden müssen, um ihre Teilnahme zu unterstützen.

Angesichts der Rückmeldungen bleibt unklar, ob und in welcher Form ein neues Naturschutzlabel tatsächlich eingeführt werden kann. Während Konsument*innen grundsätzlich eine Zahlungsbereitschaft zeigen und politische Akteure Synergien mit bestehenden Maßnahmen erkennen, stellen bürokratische Hürden und die Einbindung des Handels zentrale Herausforderungen dar, die einer breiten Umsetzung noch im Weg stehen.

Literatur
(1) Schulze, C. et al. (2024): Between farms and forks: Food industry perspectives on the future of EU food labelling. In: Ecological Economics, 217, 108066.

Welchen Zauberstab würden Sie wählen, um Ödland zu revitalisieren?
a) Der Zauberstab sucht sich den Zauberer, nicht andersherum.

Zu den Autor*innen
a) Christoph Schulze hat internationale Volkswirtschaftslehre und Ecological Economics studiert. Seit 2018 ist er wissenschaftlicher Mitarbeiter am ZALF. Er forscht über marktbasierte Ansätze zur Förderung der Biodiversität in Agrarlandschaften.

b) Bettina Matzdorf ist Landschaftsplanerin. Sie leitet die Arbeitsgruppe Governance von Ökosystemleistungen und co-leitet den Programmbereich Landnutzung und Governance am ZALF. Sie ist Professorin für Ökosystemdienstleistungen – ökonomische und planerische Aspekte an der Leibniz Universität Hannover.

Kontakt
Christoph Schulze
Prof. Dr. Bettina Matzdorf
Leibniz-Zentrum für Agrarlandschaftsforschung (ZALF) e. V
E-Mail: Christoph.Schulze@zalf.de
Bettina.Matzdorf@zalf.de

  © 2025 bei den Autor*innen; Lizenznehmer oekom. Dieser OpenAccess-Artikel wird unter einer Creative Commons Namensnennung 4.0 International Lizenz (CC BY) veröffentlicht.
https://doi.org/10.14512/POE012025079

Potenziale regionaler Landwirtschaft

Agrarflächen sichern

Immer mehr landwirtschaftliche Flächen werden zu Siedlungs- und Verkehrsgebieten. Das gefährdet regionale Lebensmittelproduktion und wichtige Ökosystemleistungen. Für den Erhalt einer regionalen Landwirtschaft sind ein bewussterer Umgang mit Agrarflächen und eine andere Flächennutzungspolitik nötig.

Von Veronika Jorch und Nadine Pannicke-Prochnow

In den Jahren 2016 bis 2022 wurden allein in Deutschland rund 243.000 Hektar Agrarfläche umgewandelt – das entspricht nahezu der Fläche des Saarlandes. Die Umwandlungen erfolgten zumeist zugunsten von Siedlungs- und Verkehrsflächen. Vor allem der Wettbewerb um stadtnahe Flächen intensiviert sich, da sie wegen der kritischen Masse an Verbrauchs- und Verarbeitungsstrukturen, aber auch für Wohn- oder Gewerbenutzung interessant sind. Gleichzeitig ist regionale Ernährung ein Trendthema, verbunden mit vielen Erwartungen, aber auch Hürden. Denn wer regionale Lebensmittel möchte, braucht Agrarflächen, Verarbeitungs- und Vertriebsstrukturen in der Region. Daraus ergeben sich Handlungserfordernisse, die in der Ernährungs- und Agrarpolitik bislang wenig beachtet werden. Flächenumwandlungen können die Möglichkeiten für regionale Anbau- und Verarbeitungsstrukturen eingrenzen. Offen ist, inwiefern regionale Ernährung ein Zugpferd für die Wertschätzung von Agrarflächen sein und zum Schutz vor Umwandlung beitragen kann.

Regionalität bietet Chancen für alle Dimensionen der Nachhaltigkeit, doch ist nicht garantiert, dass regionale Produktion auch umwelt- und naturverträglich erfolgt. Oft wird mit vermiedenen Emissionen für den Transport von Produkten argumentiert, um ihre Nachhaltigkeit zu belegen. Wegen der höheren Auslastung von Transportkapazitäten und deren Effizienz sind lange Lieferwege aber nicht immer emissionsintensiver. Obst und Gemüse, bei denen es auf Frische ankommt, gelten als vielversprechend für die Ausweitung des regionalen Angebots, zumal hier der Selbstversorgungsgrad in Deutschland bisher hinter seinen Möglichkeiten zurückbleibt. Faktoren für eine nachhaltige Ernährung sind grundsätzlich weniger tierische Produkte, Saisonalität und Ökolandbau. (1)

Chancen und Grenzen regionalen Anbaus
Teils wird Regionalität durch einen bestimmten Radius definiert, kann aber auch die Herkunft von Lebensmitteln aus einer Region bezeichnen. Bei der Verwendung des Begriffs ist jedoch nicht gesichert, dass Anbau, Input (von z. B. Futter oder Dünger) und Verarbeitung ausschließlich regional erfolgen. Für unsere Betrachtungen gehen wir dennoch davon aus, dass alle Wertschöpfungsschritte so regional wie möglich erfolgen. Teilweise wird Regionalität als Gegenentwurf zu globalisierten Wertschöpfungsketten gesehen. Zu potenziellen Vorteilen regionaler Lebensmittel zählen beispielsweise Frische und die Nähe zum Erzeugungsort, vor allem in Verbindung mit Direktvertrieb.

Trotz ihrer Mehrwerte ist die Kombination regionaler Ernährungsstrukturen mit überregionalen Handelsstrukturen zugunsten der Ernährungssicherung sinnvoll, da beispielsweise Extremwetterereignisse regional zu Komplettausfällen führen können. Auch wird die Steigerung des Selbstversorgungsgrads einer Region mit Lebensmitteln eingeschränkt, weil Anbau oder Zucht bestimmter Produkte wegen lokaler klimatischer Bedingungen, Topografie oder Bodenbeschaffenheit nicht überall möglich sind. Durch Lebensmittel aus anderen Regionen lässt sich die Ernährung vielseitiger und ausgewogener gestalteten, wobei Saisonalität und Ökostandards wie etwa schonende Bodenbearbeitung, weitestgehender Verzicht auf Pestizide oder eine Diversifizierung der Agrarlandschaft durch Hecken und Blühstreifen erheblich zur Nachhaltigkeit von Lebensmitteln beitragen.

Eine gesunde Ernährung für alle Menschen bereitzustellen, die sowohl verfügbar als auch bezahlbar ist, stellt eine große Herausforderung für unser Ernährungssystem dar. Zudem muss sichergestellt werden, dass diese Lebensmittelerzeugung innerhalb der teilweise bereits überschrittenen planetaren Belastungsgrenzen erfolgt. Regionale Ernährungssysteme sind kein Garant dafür, können aber ein wichtiger Schritt und Chance für die Umsetzung nachhaltiger Ernährungsstrukturen sein.

Flächenschutz durch Wertschätzung und Wertschöpfung

Wie sich über regionale Landwirtschaft und Ernährung Ansätze schaffen lassen, um landwirtschaftliche Fläche zu sichern und weitere ökologische und gesellschaftliche Vorteile für die Region zu schaffen, wird im Folgenden beschrieben. Die ausgewählten Beispiele wurden in den Projekten der vom Bundesministerium für Bildung und Forschung (BMBF) geförderten Maßnahme „Stadt-Land-Plus" untersucht und entwickelt (Projektnamen jeweils in Klammern). (2)

▢ *Vom Wert der Agrarflächen: Regionale Wertschöpfung und Ökosystemleistungen:*
Mit der Umwandlung von Agrarflächen gehen neben der Möglichkeit zum Anbau von Nahrungsmitteln auch viele Funktionen des unbebauten Bodens verloren, etwa Wasserversickerung und -verdunstung und resultierende Ökosystemleistungen wie Wasserspeicherung und Kühlung. Dennoch erscheint es oft ökonomisch attraktiver, Agrarflächen aufzugeben. Die Leistungen von Agrarflächen besser sichtbar zu machen und zu nutzen, könnte ein Ansatz für deren Erhalt sein.

▢ *Mit Regionalprodukten und -marken Landschaften und Artenvielfalt schützen:*
Regionale Wertschöpfung bietet Chancen, die Entstehung von Nahrungsmitteln nachvollziehen, erleben und wertschätzen zu können. Die Wertschätzung und Unterstützung von regionaler Landwirtschaft kann helfen, prägende Landschaftsbilder und Naturräume zu erhalten. So prägt die Bewirtschaftung von Flächen Landschaftsstrukturen wie Streuobstwiesen, Teich- oder Weidelandschaften und stiftet regionale Identität. Wenn durch regionale Wertschöpfung historische extensive Nutzungsformen erhalten werden, lassen sich Artenvielfalt und verschiedene Ökosystemleistungen schützen. Bildungsangebote vor Ort klären über diese Zusammenhänge auf, Beispiel dafür sind Lehrpfade (Projekt ReProLa) oder die Etablierung von Lern- und Erlebnisorten (Projekt VoCO).

Um Kosten für Landwirt*innen zu reduzieren und Anreize für die weitere Bewirtschaftung und den Erhalt von Kulturlandschaften und Agrarflächen zu setzen, haben Regionalmarken, wie etwa „Streuobstwiesenliebe" in der Fränkischen Schweiz, gemeinsame Vermarktungsstrukturen für regionale Erzeugnisse geschaffen (Projekt ReProLa). Auch Transport- und Vertriebskooperationen können zu Kostensenkungen regional erzeugter Lebensmittel beitragen (Projekte VOCO, KOPOS, ReProLa).

◻ *Mit Gehölzanbau Gewässer- und Klimaschutz unterstützen:* Neben der Produktion von Lebens- und Futtermitteln lassen sich auf Agrarflächen weitere erneuerbare Rohstoffe für andere Nutzungen erzeugen, die zu einer Verbesserung des ökologischen Zustands von intensiv genutzten Agrarlandschaften beitragen. Agrarholzanbau an Bächen oder Gräben kann beispielsweise den guten ökologischen Zustand von Fließgewässern verbessern oder wiederherstellen, zu einem reduzierten Eintrag von Verschmutzungen ins Gewässer sowie zu verbessertem Mikroklima, biologischer Vielfalt und verschiedenen Ökosystemleistungen beitragen. Das in regelmäßigen Abständen geerntete Holz schafft zusätzliche Einnahmen für Landwirt*innen (Projekte WERTvoll & OLGA).

◻ *Von Wertschöpfung und Wertschätzung zum Flächenschutz:* Regionale Wertschöpfung und Ökosystemleistungen von Agrarflächen anzuerkennen, zu honorieren und besser strukturell zu verankern, kann Ansatzpunkte für den Schutz von Flächen vor Umwandlung bieten.

◻ *Leistungen von Agrarflächen besser vergüten und einplanen:* Eine Vergütung von Ökosystemleistungen auf Agrarflächen erfolgt stellenweise über die Agrarförderung der EU und der Länder, ist aber ausbaufähig, insbesondere in Bezug auf zusätzliche Leistungen für den Klimaschutz, beispielsweise durch langfristigen Humusaufbau. Dieser kann wiederum vorteilhaft für weitere Ökosystemleistungen sein, zum Beispiel die Wasser- und Nährstoffspeicherfähigkeit des Bodens verbessern. (3) Um den Schutzstatus der Flächen zu erhöhen, empfiehlt es sich, neben der Nutzfunktion (landwirtschaftliche Produktion) auch die Schutzfunktion (bereitstellende und regulierende Ökosystemleistungen) und die Erholungsfunktion (kulturelle Ökosystemleistungen) einzubeziehen, so wie es bei Waldflächen der Fall ist, die in Deutschland besser vor Umwandlung geschützt sind als Agrarflächen. Ein wichtiger Ansatz ist, Instrumente der Landes- und Regionalplanung zur Sicherung von Agrarflächen konsequent anzuwenden (Projekt ReProLa).

□ *Landwirtschaft und Ernährung als öffentliche Aufgabe verankern:* Ernährung und Landwirtschaft als öffentliche Aufgabe zu definieren, bedeutet, Ernährung, Agrarentwicklung und räumliche Entwicklung miteinander zu verzahnen und abzustimmen (Projekt KOPOS). (4) Integrierte Ansätze im Handlungsfeld Ernährung ermöglichen die Entwicklung umfassender kommunaler oder regionaler Strategien und Ansatzpunkte für Förderung und Steuerung. So lassen sich Vergabekriterien bei der Verpachtung von Flächen (Projekt KOPOS) oder für Leistungen bei kommunalen Aufgaben wie der Gemeinschaftsverpflegung angepassen (Projekt WERTvoll). Feste Abnahmestrukturen können die ökonomische Tragfähigkeit regionaler Erzeugungs- und Verarbeitungsbetriebe von Agrarprodukten steigern und deren Schaffung und Erhalt attraktiver machen. (5)

Ökosystemleistungen gezielt schützen und honorieren

Mit Blick auf den Schutz natürlicher Ressourcen und die Resilienz des Ernährungssystems müssen Agrarflächen vor Bebauung geschützt werden. Aktuelle Trends zu regionaler Ernährung sind kein Garant dafür, können aber dazu beitragen, Agrarflächen wieder mehr als grundlegende Voraussetzung für den Anbau von gesunden Nahrungsmitteln und die Bereitstellung weiterer Leistungen wie Frischluft und -wasser, Freiraum, Landschaft und Natur für die Erhaltung der Lebensqualität zu verstehen und wertzuschätzen.

Die aufgeführten Ansätze zeigen verschiedene Hebel dafür. Wichtigste Grundlage ist aber eine höhere Wertschätzung für die vielfältigen Leistungen, die von unbebauten Flächen und somit auch Agrarflächen erbracht werden. Gezielter Schutz und Honorierung von Ökosystemleistungen auf Agrarflächen bieten Chancen, Flächen zu erhalten, aber auch regionale Ernährung nachhaltiger zu gestalten.

Anmerkungen und Quellen

(1) Hanke, G. / von Mering, F. / Wunder, S. (2023): Regionalisierung von Ernährungssystemen: Einschätzung von Nachhaltigkeitspotenzialen und Darstellung politischer Handlungsansätze, Hrsg.: Umweltbundesamt.

(2) Die Ideen und Ansätze in diesem Artikel stammen aus den Projekten der BMBF-Fördermaßnahme „Stadt-Land-Plus" und sind durch das gleichnamige Querschnittsvorhaben mit dem Förderkennzeichen 033L200 zusammengetragen worden. Die Autorinnen danken allen mitwirkenden Projekten!

(3) Ansatzpunkte für die Monetarisierung von Ökosystemleistungen finden sich z. B. in den Projekten PROSPER-RO und NACHWUCHS.

(4) Jakab, A. / Rogga, S. / Obersteg, A. et al. (2023): The BIG FIVE – Regionale Ernährung und Flächenentwicklung zusammendenken! Politische Handlungsempfehlungen für das Handlungsfeld „Zugang zu Land" und „Sicherung von Land". In: KOPOS Policy Brief.

(5) Für detaillierte Informationen: https://zukunftsstadt-stadtlandplus.de/.

Auf Anfrage stellen die Autorinnen eine ausführliche Literaturliste zur Verfügung.

a) b)

Welchen Zauberstab würden Sie wählen, um Ödland zu revitalisieren?

a) Mein Zauberstab zaubert tiefwurzelndes Grün und sprüht bodenlebende Mikroorganismen und Gewürm.

b) Mein Zauberstab erzeugt einen Regenbogen, an dessen Ende sich Samen, Humus und Wasser sammeln.

Zu den Autorinnen

a) Veronika Jorch hat einen Bachelor in Biologie und einen Master in Global Change Management. Seit 2022 ist sie am UBA im Team von „Stadt-Land-Plus". Zuvor hat sie zu Umwelt- und Agrarthemen in Afrika gearbeitet und Forschungsprojekte begleitet.

b) Nadine Pannicke-Prochnow ist naturwissenschaftlich ausgebildete Ressourcenmanagerin. Sie leitet seit 2022 am UBA das Querschnittsvorhaben „Stadt-Land-Plus" und wertet die Erfahrungen aller Projekte der BMBF-Fördermaßnahme wissenschaftlich aus.

Kontakt

Veronika Jorch
Nadine Pannicke-Prochnow
Umweltbundesamt (UBA)
E-Mail veronika.jorch@uba.de,
nadine.pannicke-prochnow@uba.de

  © 2025 bei den Autorinnen; Lizenznehmer oekom. Dieser OpenAccess-Artikel wird unter einer Creative Commons Namensnennung 4.0 International Lizenz (CC BY) veröffentlicht. https://doi.org/10.14512/POE012025085

Transformationsstrategien

Wege aus dem Landnutzungstrilemma

Die Herausforderungen, die durch konkurrierende Nutzungsansprüche an Landflächen entstehen, sind immens. Nur eine systemische Perspektive kann helfen, die verschiedenen Bedarfe zu verstehen, sie zu integrieren und zu abgestimmtem Handeln für eine nachhaltige Landnutzung zu kommen.

Von Pascal Grohmann und Katrin Martens

Ein System ist eine Struktureinheit, die aus mehreren Elementen besteht, die miteinander interagieren, um bestimmte Funktionen zu erfüllen. Land wird definiert als das „terrestrische System, das den Boden, den Pflanzenbestand, andere Teile der belebten Umwelt sowie die ökologischen und hydrologischen Vorgänge umfasst". (1) Die Fruchtbarkeit des Bodens etwa hat wesentlichen Einfluss auf den Zustand des Pflanzenbestandes, der wiederum Lebensraum für Tiere und Insekten bereitstellt, aber auch der menschlichen und tierischen Ernährung dient. Deutlich wird, dass das terrestrische System sowohl ökologische als auch soziale Elemente umfasst. Daraus ergeben sich konkurrierende Nutzungsansprüche. Land wird nicht nur für Ökosysteme gebraucht, sondern auch für die Landwirtschaft oder den steigenden Bedarf für nicht fossile Energieerzeugung.

Durch die derzeitige Nutzung von Land sind zahlreiche Funktionen des terrestrischen Systems gefährdet, weshalb es notwendig ist, unsere Art der Landnutzung grundlegend zu ändern. Der Wissenschaftliche Beirat für globale Umweltfragen (WBGU) fordert eine umfassende „Landwende im Anthropozän". (2) Auch für die

Landwirtschaft, den Sektor mit der größten Landnutzung, wird eine „Transformation des Agrar- und Ernährungssystems" als notwendig erachtet. (3) In diesem Kontext meint Transformation eine tiefgreifende, systemische Veränderung in der Art und Weise, wie Landressourcen genutzt, bewirtschaftet und geschützt werden.

Bestandsaufnahme verdeutlicht Handlungsdruck

Die Zustandsverschlechterung wird mit dem Begriff Landdegradation beschrieben, der den absoluten oder teilweisen Verlust von Ökosystemdienstleistungen umfasst, ausgelöst durch Fragmentierung, Verschlechterung oder Zerstörung terrestrischer Ökosysteme. Böden verlieren dadurch ihren Nährstoff-, Sauerstoff- und Wassergehalt, die Biodiversität nimmt ab. Pflanzen können ihre Wurzeln nicht mehr ausbreiten, Insekten, Pilze, Würmer und andere Organismen finden keinen Nahrungs- und Lebensraum mehr. Landdegradation hat menschliche und nicht menschliche Ursachen. Die wichtigsten Treiber sind die Umwandlung natürlicher Ökosysteme in intensiv genutzte landwirtschaftliche oder forstwirtschaftliche Flächen, Infrastrukturentwicklung, Rohstoffgewinnung und der Klimawandel. In den letzten 30 Jahren wurde rund ein Drittel der weltweiten Landfläche so geschädigt, dass sie ihre ökologischen und ökonomischen Funktionen nur noch vermindert oder gar nicht erfüllen kann.

Für Deutschland lassen sich drei wesentliche Trends der Zustandsverschlechterung von Land ausmachen: die Abnahme der Bodenqualität und -gesundheit (vgl. S. 46 ff.), der Rückgang des Humusgehalts und der Verlust an Artenvielfalt. Die Hälfte der landwirtschaftlich genutzten Böden weist Erosion, das heißt Abtragungen durch Wasser und Wind auf. Dadurch gehen jedes Jahr im Schnitt 1,4 bis 3,2 Tonnen fruchtbarer Boden pro Hektar verloren. Zusätzlich belasten Nährstoffüberschüsse aus der Düngung, Bodenverdichtung durch schwere Maschinen und Schadstoffeinträge, wie Schwermetalle und Mikroplastik, die Böden, was deren Fruchtbarkeit und Funktion als Ökosystem weiter bedroht. Zudem werden pro Tag etwa 50 Hektar Boden für Siedlungs- und Verkehrsflächen neu versiegelt. Gleichzeitig ist der Humusgehalt – die organische Substanz im Boden, die wesentlich für die Kohlenstoffspeicherung und Bodenstruktur ist – bedenklich niedrig: Schätzungen zufolge könnten durch eine Verbesserung des Humusgehalts jährlich bis zu 50 Mil-

> **Die Trends der Zustandsverschlechterung von Land sind nicht nur für sich genommen problematisch, sondern stehen im Zentrum der globalen Krisen.**

lionen Tonnen CO_2 gebunden werden. (4) Auch die Artenvielfalt in terrestrischen Ökosystemen leidet: In Deutschland sind mehr als zwei Drittel der Biotoptypen gefährdet, der Index für Vögel in Agrarlandschaften liegt bei nur 56 Prozent und europaweit gingen die Schmetterlingsarten in den letzten dreißig Jahren um die Hälfte zurück. (5)

Die Trends der Zustandsverschlechterung von Land sind dabei nicht nur für sich genommen problematisch, sondern stehen im Zentrum der globalen Krisen: Klimawandel, Biodiversitätsverlust und Ernährungssicherheit. Die zentrale Herausforderung sind dabei konkurrierende Nutzungsansprüche. Versuche, eine der jeweiligen Krisen abzumildern, können gar verstärkende Effekte auf die anderen haben. Der WBGU spricht deshalb treffend vom „Trilemma der Landnutzung". Für bestimmte Arten der nicht fossilen Energiegewinnung, wie etwa Biogas oder Agri-Photovoltaik, sind Landflächen notwendig. Ohne den flächendeckenden Schutz von Landökosystemen ist der Rückgang der Biodiversität jedoch kaum zu stoppen, während die Ernährung der wachsenden Weltbevölkerung mit der intensiven Nutzung von Flächen für produktive Zwecke einhergeht. Zugespitzt formuliert: Die Lösung einer Krise scheint nur auf Kosten der anderen möglich zu sein.

Systemisches Problem- und Lösungsverständnis

Die Herausforderung hat es in sich: Es gilt einen Umgang mit Land zu finden, der den ökologischen und hydrologischen Anforderungen gerecht wird, zur Klimaneutralität beiträgt, die Biodiversität schützt und gleichzeitig die produktiven Bedürfnisse der wachsenden Weltbevölkerung erfüllt. Um der Komplexität dieser Aufgabe gerecht zu werden, müssen nicht nur die Wechselwirkungen im terrestrischen System verstanden werden, sondern auch die Wechselwirkungen zwischen den gesellschaftlichen und ökologischen Prozessen. Veränderungen in einem Teil können Auswirkungen auf andere Teile des Systems haben. Es gilt diese Interdependenzen auszumachen, um die Folgen der Veränderungen abschätzen zu können. Dafür ist es notwendig, die verschiedenen Nutzungsansprüche nicht isoliert zu betrachten, sondern integrierte Strategien für die Landnutzung zu entwickeln. Ein solch systemischer Ansatz beinhaltet die Abfolge von drei Schritten.

Der erste Schritt besteht in einer Bestandsaufnahme des Systems (vor Ort): Wissen über sozial-ökologische Prozesse, die Verteilung und Nutzung von Landfläche oder den Zustand der Bodenressourcen. Der zweite Schritt zielt darauf ab, eine langfristige Vision für das System zu entwickeln. Wie lassen sich Ernährungssicherheit, nicht fossile Energieproduktion und Biodiversitätsschutz parallel erreichen? Dabei gilt es, die Perspektiven möglichst aller beteiligten Akteure zu integrieren. Nur so können legitime Lösungen entstehen, die langfristig akzeptiert und umgesetzt werden. Im letzten Schritt geht es um die Frage, wie der Zielzustand erreicht werden kann. Dafür werden konkrete Handlungsstrategien abgeleitet und praktische Maßnahmen zur Umsetzung entwickelt.

Diese Abfolge ist komplex und sehr aufwendig. Viele Beispiele aus der Praxis signalisieren jedoch, dass so tatsächlich umfassende Transformationsprozesse angestoßen werden können. Es gibt eine Reihe von Projekten, in denen innovative und nachhaltigere landwirtschaftliche Praktiken erprobt werden. Gleichzeitig gründen sich Netzwerke, die den Austausch zwischen Akteuren fördern. Diese Plattformen ermöglichen es, die Umsetzbarkeit der Maßnahmen gemeinsam zu bewerten.

Abgestimmtes Handeln statt Stückwerk

Für die erfolgreiche Umsetzung von Transformationsstrategien braucht es synergistisches Handeln der zentralen Akteursgruppen. Damit ist gemeint, dass Handelnde in Politik, Wirtschaft, Zivilgesellschaft und Wissenschaft so zusammenarbeiten, dass ihre gemeinsame Leistung größer ist als die Summe ihrer Einzelleistungen. Durch dieses abgestimmte Zusammenwirken werden bessere Ergebnisse erzielt, als es jede*r einzelne Akteur*in allein könnte. Dafür müssen die Handelnden den systemischen Charakter der Herausforderung anerkennen und in die eigenen Handlungslogiken und -praktiken übersetzen.

Aufgabe der Politik ist es, Rahmenbedingungen vorzugeben. Auch wenn Landnutzung in der internationalen wie nationalen Politik als wesentliche Stellschraube für die Nachhaltigkeitstransformation anerkannt wird, fehlt bislang ein strategischer Ansatz, der sektorale Einzelinitiativen koordiniert. Politische Zuständigkeiten sind über verschiedene Ministerien mit jeweils parteipolitisch unterschiedlich geprägten Leitungen verteilt. Auch innerhalb der Ressorts erschwert die ministerialbürokratische Organisation systemisches Denken und produziert stattdessen legislatives Stückwerk. Zusätzlich sind einzelne Politikbereiche, zum Beispiel die Agrarpolitik, stark in das europäische Mehrebenensystem eingebettet.

> **Auch wenn Landnutzung in der internationalen wie nationalen Politik als wesentliche Stellschraube anerkannt wird, fehlt bislang ein strategischer Ansatz, der sektorale Einzelinitiativen koordiniert.**

Mit Blick auf private und zivilgesellschaftliche Akteure lassen sich deutliche Interessenkonflikte entlang der konkurrierenden Nutzungsansprüche ausmachen (vgl. S. 39 ff.). Die meisten Geschäftsmodelle in der Landwirtschaft sind auf eine intensive Ressourcennutzung ausgerichtet. Umwelt- und Klimaschutzmaßnahmen führen dadurch zu höheren Kosten für Betriebe, die bislang nur in Marktnischen durch höhere Verbraucherpreise gedeckt werden. Wie in anderen Bereichen auch können zivilgesellschaftliche Initiativen als Triebfeder für die Transformation fungieren. Beispiele reichen von genossenschaftlich oder solidarisch organisierten Landwirtschaftsprojekten über die Gründung von Ernährungsräten und Lebensmittelpunkten bis hin zu innovativen Organisationsmodellen wie den Regionalwert-Aktiengesellschaften.

Systemisches Problem- und Lösungsverständnis ist auch für die Wissenschaft eine Herausforderung, da die Forschungslandschaft entlang disziplinärer Grenzen strukturiert ist. Die Transformationsforschung eröffnet einen inter- und transdisziplinären Zugang, der alle relevanten Disziplinen und Akteure von Beginn an in den Forschungsprozess integriert. In der Forschungspraxis übersetzt sich dies in das Etablieren von sogenannten Co-Design-Prozessen, Living Labs oder Realweltlaboren. Diese neuen Anforderungen verändern das Profil für Wissenschaftler*innen, die nicht nur das notwendige Methoden- und Theorieverständnis, sondern auch Kompetenzen zur Interaktion mit anderen Disziplinen und mit Praxispartner*innen benötigen. Dafür braucht es zeitliche und finanzielle Ressourcen, die im derzeitigen Wissenschaftssystem knapp sind. In der Folge ist es für Forschende bislang nahezu unmöglich, konsequent transdisziplinär zu arbeiten.

Was folgt?
Die Transformation der Landnutzung ist eine enorme Herausforderung, die angesichts der globalen Umweltkrisen unausweichlich ist. Ein systemischer Ansatz, der – ausgehend von einer Bestandsaufnahme – eine gemeinsame Vision für eine nachhaltige Landnutzung mit konkreten Handlungsoptionen hinterlegt, kann helfen, die konkurrierenden Nutzungsansprüche zu integrieren. Synergistisches Handeln von Politik, Wirtschaft, Zivilgesellschaft und Wissenschaft kann es ermöglichen, strategische Allianzen zu begründen, in denen Pionier*innen des Wandels wirtschaftliche Interessen mit den Nachhaltigkeitszielen in innovativen Geschäftsmodellen und kooperativen Formaten miteinander verbinden.

Wie in anderen Bereichen der sozial-ökologischen Transformation ist auch im Kontext der Landnutzung unklar, ob sich die Transformation nur durch sprunghafte Entwicklungen oder über die kumulative Abfolge von einzelnen Schritten im Sinne inkrementeller Veränderungen erreichen lässt. Ob dem Staat dabei eine gestaltende Rolle zukommt oder Wandlungsprozesse durch private und/oder zivilgesellschaftliche Akteure angestoßen werden sollten, ist letztlich eine Entscheidung, die gesellschaftlich ausgehandelt werden muss.

Quellen

(1) Vereinte Nationen (1994): Konvention der Vereinten Nationen zur Bekämpfung der Desertifikation (UNCCD). New York.
(2) Wissenschaftlicher Beirat für globale Umweltfragen (2020): Landwende im Anthropozän: Von der Konkurrenz zur Integration. Berlin.
(3) Zukunftskommission Landwirtschaft (2021): Zukunft Landwirtschaft. Eine gesamtgesellschaftliche Aufgabe Empfehlungen der Zukunftskommission Landwirtschaft. Berlin.
(4) Thünen-Institut (2019): Humus in landwirtschaftlich genutzten Böden Deutschlands. Ausgewählte Ergebnisse der Bodenzustandserhebung. Bonn.
(5) Leopoldina (2020): Biodiversität und Management von Agrarlandschaften. Umfassendes Handeln ist jetzt wichtig. Berlin.

Welchen Zauberstab würden Sie wählen, um Ödland zu revitalisieren?

a) Mykorrhiza-Stab: vernetzt, regeneriert und zaubert Leben aus dem Boden.
b) Mein Zauberstab heißt Colorix – er verwandelt braune Tristesse in blühende Vielfalt.

Zu den Autor*innen

a) Pascal Grohmann ist Politikwissenschaftler. Am Thaer-Institut der Humboldt-Universität forscht und lehrt er zur Agrarpolitik und zur Transformation von Agrar- und Ernährungssystemen. Seit 2022 koordiniert er dort den Studiengang International Master of Science in Rural Development.

b) Katrin Martens ist Geographin, Ressourcenmanagerin und promovierte Agrarökonomin. Sie arbeitet am Seminar für ländliche Entwicklung der HU Berlin sowie am Berlin Institute for Cooperative Studies.

Kontakt

Dr. Pascal Grohmann
Dr. Katrin Martens
Thaer-Institut für Agrar- und
Gartenbauwissenschaften
Humboldt-Universität zu Berlin
Fachgebiet Agrar- und Ernährungspolitik
E-Mail pascal.grohmann@hu-berlin.de,
katrin.martens@hu-berlin.de

© 2025 bei den Autor*innen; Lizenznehmer oekom. Dieser OpenAccess-Artikel wird unter einer Creative Commons Namensnennung 4.0 International Lizenz (CC BY) veröffentlicht.
https://doi.org/10.14512/POE012025091

Impulse

Projekte und Konzepte

Integrative Stakeholder-Beteiligung
Bilder sprechen lassen

Kaffee ist ein Konsumgut mit stetig wachsender Nachfrage. Entlang der gesamten Wertschöpfungskette ist es mit diversen Nachhaltigkeitskritiken konfrontiert, für die mittlerweile zahlreiche Lösungsvorschläge vorliegen. Wenig Bewusstsein gibt es jedoch dafür, dass der vielfach kritisierte globale Kaffeesektor hauptsächlich männlich ist. Frauen, obgleich stark in Produktionskontexte involviert, sind wenig sichtbar. Ihre Perspektiven sind daher selten Teil von Lösungsvorschlägen.

Um die spezifischen Lebensrealitäten von Frauen im Kaffeeanbau, ihre Problemwahrnehmungen und Visionen für einen gerechteren und zukunftsfähigeren Kaffeesektor sichtbar werden zu lassen, haben wir mithilfe von Fotos mit Kaffeeproduzentinnen aus der Zona de Los Santos in Costa Rica gearbeitet. Diese sogenannte Photovoice-Methode ist ein partizipativer Forschungsansatz, bei dem Teilnehmende ihre Lebenswelt durch selbst aufgenommene Fotos dokumentieren. Anschließend werden diese Bilder in Gruppen besprochen und analysiert, um persönliche Erfahrungen und Sichtweisen auszutauschen. Dieses Verfahren fördert den Dialog und das Verständnis für individuelle Perspektiven und kann dazu beitragen, soziale Veränderungen anzustoßen.

Über einen Zeitraum von insgesamt fünf Wochen reflektierten die Teilnehmerinnen zu diesen vier übergeordneten Themen: Individuelle Bedeutung des Kaffeeanbaus, Ressourcenzugang, Arbeitsbelastung und Zeitarmut sowie Frauennetzwerke. Die Frauen reichten eigene Fotos ein, die für sie individuell jeweils thematisch passende Situationen, Aspekte oder Emotionen widerspiegeln. Jede Woche beleuchteten wir auf der Grundlage der Fotos gemeinsam jeweils ein Thema in einem halb- bis ganztägigen Workshop.

Kaffeelandschaften

Das Projekt zeigt, dass der Kaffeeanbau in der Zona de Los Santos die gesamte Kulturlandschaft zentral prägt. Wir sprechen deshalb von Kaffeelandschaften, in denen der Anbau nicht nur eine ökonomische und landwirtschaftliche Relevanz hat, sondern identitätsstiftend ist. Familienverbünde bewahren die Kaffeefelder als familiäres und gleichzeitig kulturelles Erbe Costa Ricas. Der heimische Markt ist entlang der gesamten Wertschöpfungskette sehr gut entwickelt. Kooperativen, Beratungsdienstleister*innen, Aufbereitungsanlagen, Röstereien, Logistik-, Export- und Importunternehmen sowie eine ausgeprägte Kaffeekonsumkultur mit vielen Cafés gibt es überall. Familien, die nicht in irgendeiner Weise in die Produktion von oder den Handel mit Kaffee involviert sind, sind selten. Trotz dieser Gemeinsamkeiten zeigte das Projekt, wie isoliert Frauen im Kaffeesektor sind, wenn sie diese Tätigkeiten in eigenem Namen und nicht nur unterstützend ausführen. Ihre Fotos spiegeln geschlechterbasierte Diskriminierungs- und Gewalterfahrungen wider, die sie durch Landarbeiter, Kooperativen und öffentliche Agenturen erfahren. Andererseits zeigten die Fotos die Leidenschaft für den Kaffee, der für die Frauen sinnstiftend ist. Mit ihren Kaffeeunternehmen wollen sie einen Beitrag leisten, um den Kaffeesektor zu transformieren. Dennoch kämpfen viele von ihnen bisher allein für diese Vision.

Der Projektprozess veranschaulichte eindringlich, wie wenig präsent weibliche Perspektiven auf Kaffeelandschaften sind – selbst unter Frauen. Die Gespräche waren anfänglich von Individualisierung, Wettbewerb und Performance geprägt und wandelten sich erst im späteren Verlauf in Verbundenheit, Verständnis, Solidarität und Austausch. Sahen wir am Anfang des Projekts vor allem beeindruckende Bilder, die Geschichten von persönlichen Erfolgen, Wohlstand und Anschaffungen zeigten, erzählten spätere Bilder verstärkt von Erschöpfung und Überlastung, von Ängsten und Sorgen, alltäglichen Kämpfen und existentiell bedrohlichen Situationen. Somit hat unser Fotoprojekt nicht nur einen externen Zugang zu weiblichen Perspektiven im Kaffeeanbau geschaffen, sondern auch einen Zugang der Frauen zueinander. Über die Fotos konnten wir einen Austausch schaffen, der die individuellen Erfahrungen der Frauen auf eine kollektive Erlebensebene gehoben und eine gemeinsame Erzählung ermöglicht hat. Das Ergebnis dieses Austauschs zeigen wir in unserem Bildband „Female Coffee Landscapes".

Annelie M. Gütte
Leibniz-Zentrum für Agrarlandschaftsforschung (ZALF), e. V.

www.researchgate.net/publication/375836853

Forschungs- und Innovationsinitiative
Landwirtschaft 4.0

Die Landwirtschaft steht vor großen Herausforderungen. Digitale Technologien und Künstliche Intelligenz (KI) bieten innovative Ansätze, um Problemen wie Klimawandel, Biodiversitätsverlust und Ernährungssicherheit zu begegnen. In Niederösterreich wurde daher die Initiative „d4agrotech" ins Leben gerufen, die vom AIT Austrian Institute of Technology wissenschaftlich begleitet und vom Land Niederösterreich finanziell unterstützt wird. Ziel von d4agrotech ist es, durch gemeinsam entwickelte Innovationen die Landwirtschaft effizienter und umweltfreundlicher zu gestalten. So werden beispielsweise Daten über Bodenbeschaffenheit, Pflanzenzustand und klimatische Bedingungen gesammelt und mittels KI ausgewertet, um präzise Prognosen und Handlungsempfehlungen für Landwirtinnen und Landwirte zu entwickeln. Dafür ist es wichtig, die betroffenen Akteure – Regierung & Staat, Unternehmen & Industrie, Bildung & Forschung, Gesellschaft & (soziale) Organisationen – frühzeitig miteinzubeziehen.

Zusammen zu Systemlösungen

Die Vertreter*innen aller Gruppen wurden eingeladen, bei der Auswahl von Einflussfaktoren für eine nachhaltig digitalisierte Landwirtschaft mitzuwirken und sich an der Entwicklung von Systemlösungen zu beteiligen. Dafür wurden vorab Trends, Treiber und Barrieren analysiert und Einflussfaktoren abgeleitet, die Aspekte der Digitalisierung in der Landwirtschaft direkt fördern oder behindern. In einem sogenannten Foresight-Prozess, bei dem systematisch verschiedene Szenarien in Bezug auf Technologien und Technologiebedarf entwickelt werden, wurden die betroffenen Akteure angeleitet, 20 Jahre vorauszublicken und ausgehend von den ausgewählten Einflussfaktoren verschiedene Zukünfte im Hinblick auf derzeitige Herausforderungen zu entwerfen.

In dem mehrstufigen Prozess wurden elf besonders entscheidende Einflussfaktoren ausgewählt und für die weitere Szenarienentwicklung herangezogen. Workshop-Teilnehmende erarbeiteten fünf Szenarien, die sich größtmöglich voneinander unterscheiden:

1. *Flexibilität im Trend:* Kleinbäuerliche Betriebe mit negativer Einstellung zur Digitalisierung arbeiten nach strengen Umwelt- und Klimarichtlinien.
2. *Digitalisierung für Zusammenarbeit:* Mittlerer Digitalisierungsgrad mit kooperierenden, eigenständigen Betrieben, die Ressourcen gemeinsam nutzen.
3. *Spezialisierung:* Vollautomatisierte, hochdigitalisierte Betriebe produzieren kostengünstige Lebensmittel für lokale und globale Märkte.
4. *GIIRA (groß-innovativ-intensiv-reaktiv-adaptiv):* Großbetriebe mit hohem Digitalisierungsgrad verfolgen marktwirtschaftliche Ziele und arbeiten innovationsgetrieben.
5. *Agrarindustrie:* Wenige zentral geführte Großbetriebe setzen auf maximale Digitalisierung, mit Angestellten, die digitale Systeme und KI bedienen.

Dabei ist es wichtig zu erwähnen, dass keines der fünf Szenarien als Vorhersage in die Zukunft interpretiert werden darf, sondern verschiedene Entwicklungsmöglichkeiten aufzeigt. Deswegen wurden in einem nächsten Schritt unterschiedliche Chancen und Risiken für eine nachhaltige, digitalisierte Landwirtschaft in Niederösterreich aus den fünf Szenarien identifiziert, um Maßnahmen abzuleiten:

▫ *Finanzierung & Förderung:* Staatliche Programme und private Kooperationen sollen finanzielle Anreize für den Technologietransfer schaffen.

☐ *Infrastruktur:* Priorität haben der Ausbau von Glasfasernetzen, dezentrale Energiequellen und energieeffiziente Technologien.
☐ *Kompetenzen & Wissen:* Ausbildungsprogramme müssen Nachhaltigkeit, Biodiversität und digitale Kompetenzen verbinden.
☐ *Kultur & soziale Werte:* Bildungs- und Öffentlichkeitsarbeit sollen die Wertschätzung zwischen Verbrauchern und landwirtschaftlichen Akteuren stärken.
☐ *Markt & Geschäftsmodelle:* KI-gestützte Analysen und neue Kooperationskonzepte sollen den Agrarhandel effizienter gestalten und finanzielle Belastungen reduzieren.
☐ *Netzwerke:* Digitale Plattformen sollen den Wissensaustausch und die Zusammenarbeit zwischen Interessensgruppen fördern.
☐ *Politisches Regelwerk:* Gesetze und Steuermodelle sollen Datensicherheit und den Einsatz erneuerbarer Energien unterstützen.
☐ *Technologie & Innovation:* KI und digitale Technologien sollen die Landwirtschaft effizienter und widerstandsfähiger machen.

Die vorgeschlagenen Maßnahmen können herangezogen werden, um eine positive Entwicklung einer nachhaltigen, digitalisierten Landwirtschaft voranzutreiben – nicht nur in Niederösterreich.

*Sabine Neuberger und
Beatrix Wepner
AIT Austrian Institute of Technology GmbH
Center for Innovation Systems & Policy*

https://www.d4agrotech.at/

Biologische Vielfalt in Agrarlandschaften
Gemeinsam Äcker ökologisch bestellen

In den vergangenen Jahrzehnten hat die Fülle an Tier- und Pflanzenarten auf Feldern und Äckern deutlich abgenommen. Der Feldsperling beispielsweise befindet sich auf der Vorwarnliste der Roten Liste gefährdeter Arten – mit abnehmender Tendenz. Da der Vogel vor allem die ländlicheren Räume besiedelt, ist er auch vom Landschaftswandel betroffen. Der Rückgang artenreicher Wiesen und Felder, Nahrungsknappheit, verursacht durch die Ausräumung der Landschaft, und ein Mangel an Niststätten haben zu seinen Bestandseinbrüchen geführt. Der Artenschwund wiederum hat zur Folge, dass wichtige Ökosystemleistungen verloren gehen.

Zu den Möglichkeiten, die landwirtschaftliche Produktion und den Erhalt der biologischen Vielfalt miteinander in Einklang zu bringen, zählen unter anderem Blühstreifen. Blühstreifen sind mit einer speziellen Saatgutmischung eingesäte Bereiche eines Ackers. Sie werden streifenförmig angelegt und befinden sich entweder am Rand des Feldes oder im Inneren. Sie bieten besonders Bestäubern und Insekten ein vielfältiges Blütenangebot und dienen als biologische Schädlingsbekämpfung. Für andere Tierarten stellen sie wichtige Nahrungs-, Fortpflanzungs- und Rückzugsbiotope dar. Durch den Blühaspekt fördern sie zudem das Image der Landwirtschaft in der Öffentlichkeit.

Beim Anlegen von Blühstreifen setzt das Projekt KOOPERATIV der Georg-August-Universität Göttingen, der Universität Rostock und des Vereins Landvolk Northeim-Osterode an. Bisher werden Agrarumweltmaßnahmen meist auf einzelnen und teilweise isolierten Feldern durchgeführt. Die Förderung vieler Arten erfordert jedoch Maßnahmen auf Landschaftsebene, die zwischen mehreren landwirtschaftlichen Betrieben abzustimmen und gemeinschaftlich umzusetzen sind. Dazu starteten die Projektpartner*innen ein Landschaftsexperiment in der Untersuchungsregion des Landkreises Northeim. Mehrjährige Blühstreifen wurden gemeinsam mit landwirtschaftlichen Betrieben und Beteiligten des Naturschutzes in verschiedenen Landschaftsgebieten und unterschiedlichen räumlichen Anordnungen angelegt. Deren ökologischen und ökonomischen Folgen für die teilnehmenden Betriebe und die Rahmenbedingungen einer solchen Kooperation werden wissenschaftlich begleitet und analysiert.

Zusammenarbeit und Partizipation sind zentrale Elemente des Projektes und sollen das gemeinschaftliche Denken und Handeln sowie den Wissens- und Informationsaustausch aller Beteiligten stärken. Mit lokalem Naturschutzwissen lässt sich die Durchführung der Maßnahmen unterstützen, Runde Tische auf Gemeindeebene sollen die Kommunikation zwischen Landwirtschaft, Naturschutz und Lokalpolitik fördern. Auch die Bevölkerung wird in den Informationsaustausch mit eingebunden und so für den Schutz der Biodiversität sensibilisiert.

Langfristig soll durch das Projekt KOOPERATIV eine für Mitteleuropa repräsentative Modellregion entstehen, die neue Impulse für die Gestaltung und Umsetzung kooperativer Agrarumweltmaßnahmen auf Landschaftsebene setzt. Es wurde gefördert durch das Bundesamt für Naturschutz (BfN) mit Mitteln des Bundesumweltministeriums (BMUV). (mb)

www.uni-goettingen.de/de/628701.html

Naturschutz-Kooperativen
Von den Niederlanden lernen

Bürokratieabbau leicht gemacht: Übernehmen Naturschutz-Kooperativen die Aufgabe, Anträge für Agrarumwelt- und Klimamaßnahmen (AUKM) zu stellen, und helfen überdies dabei, diese umzusetzen, erspart das landwirtschaftlichen Betrieben viel lästige Arbeit. Das Verbundprojekt „Modellhafte Erprobung von Naturschutz-Kooperativen in verschiedenen Agrarlandschaften Deutschlands nach dem niederländischen Ansatz" (MoNaKo) versucht genau dies. Unter der Leitung des Deutschen Bauernverbands erprobt das Projektteam gemeinsam mit den Kulturlandschaftsstiftungen in Niedersachsen, Rheinland-Pfalz und Sachsen-Anhalt sowie dem Landesbauernverband Brandenburg verschiedene Formen solcher Kooperativen nach niederländischem Vorbild. Die Kooperativen erarbeiten ein Konzept zur

Förderung der regionalen Artenvielfalt, wählen geeignete Maßnahmen aus und planen die betriebsübergreifende Durchführung derselben. Zudem beraten sie die Landwirt*innen und stehen ihnen bei der praktischen Umsetzung zur Seite.

Vier Modellregionen sind ausgewählt: In Niedersachsen im Landkreis Leer sollen Kooperationen mit der Wiesenvogelschutz-Richtlinie erprobt werden, denn sie ist Bestandteil des niedersächsischen Wegs und wird von der Stiftung Kulturlandpflege Niedersachsen betreut. In der Modellregion Altmark in Sachsen-Anhalt geht es darum, artenreiche Grünlandflächen zu entwickeln und zu erhalten sowie bisher isolierte Flächen miteinander zu vernetzen. Koordiniert wird die Arbeit vor Ort von der Stiftung Kulturlandschaft Sachsen-Anhalt. Brandenburg hat als einziges Bundesland bereits eine eigene Richtlinie zur Förderung kooperativer AUKM. Die Modellregion im Oderbruch wird durch den Landesbauernverband Brandenburg betreut. In Rheinland-Pfalz gibt es drei Regionen – Donnersbergkreis, Ahrweiler, Westerwaldkreis, – in denen zum Teil der Versuchsballon schon gestartet ist. Im Mittelpunkt stehen die Grünlandentwicklung und Vernetzung bisher isolierter Flächen.

Das Thünen-Institut für Lebensverhältnisse in ländlichen Räumen übernimmt die Begleitforschung im MoNaKo-Projekt. Es ermittelt und bewertet sozioökonomische, strukturelle und organisatorische Faktoren, die den Erfolg von kooperativen Naturschutzmaßnahmen in den Modellregionen beeinflussen. In die Umsetzung des Projekts sind auch die jeweils zuständigen Landesministerien und das Bundeslandwirtschaftsministerium eng eingebunden. Die Erfahrungen aus der Praxis und Projektergebnisse sollen in Handlungsempfehlungen münden und idealerweise in der Gemeinsamen Agrarpolitik der EU verankert werden (vgl. S. 52 ff.). Damit könnten sie dazu beitragen, die Agrarumweltförderpolitik nach 2027 ökologischer auszurichten. (mb)

https://monako-projekt.de/

Stadt-Land-Plus
Kurze Wege für nachhaltige Versorgung

War es für die Stadtbevölkerung früher üblich, Kartoffeln, Äpfel, Milch oder Saft aus landwirtschaftlicher Erzeugung im Umkreis von etwa 100 Kilometern zu kaufen, sind die Wege vom Erzeugungsort der Lebensmittel bis zu den Verbraucher*innen heute deutlich länger (vgl. S. 58 ff.). Die Globalisierung der Agrarsysteme führte dazu, dass Städte kaum noch aus dem Umland mit Nahrungsmitteln beliefert werden. Ressourcen- und Nährstoffkreisläufe sowie regionale Zusammenarbeit und Wirtschaftsentwicklung sind zunehmend voneinander entkoppelt.

In Deutschland gibt es zahlreiche Ansätze, diese Entwicklung wieder umzukehren und den Absatz von landwirtschaftlichen Erzeugnissen zu re-regionalisieren. Das Projekt KOPOS – Neue Kooperations- und Poolingmodelle für nachhaltige Landnutzung und Nahrungsversorgung im Stadt-Land-Verbund – befasste sich mit der Frage, wie eine stärkere Regionalisierung der Lebensmittelversorgung dazu beitragen kann, umweltfreundliche und widerstandsfähigere Strukturen aufzubauen, die sowohl der Landnutzung als auch den Verbraucher*innen zugutekommen.

Hierzu untersuchte das Projektteam unter der Federführung des Leibniz-Zentrums für Agrarlandschaftsforschung (ZALF), wie Kooperations- und Poolingmodelle die gemeinsame Nutzung von Ressourcen, etwa Produktionsmitteln, Dienstleistungen, Flächen, Kapital und Netzwerkstrukturen erleichtern. Dafür Konzepte zu entwickeln, die Umsetzung in der Praxis voranzubringen und die Modelle zu bewerten, waren die Ziele von KOPOS. Dies erfolgte beispielhaft mit Pilotprojekten in zwei Regionen und zwei Handlungsfeldern: Beim Handlungsfeld „Fläche" ging es in der Region Berlin-Brandenburg um den Zugang zu Landressourcen für eine regionale, nachhaltige landwirtschaftliche Nutzung. In Freiburg im Breisgau beschäftigten sich die KOPOS-Mitarbeiter*innen mit dem Thema „Kurze Wertschöpfungsketten". Der Schwerpunkt lag auf deren kommunalen Gestaltungsmöglichkeiten, insbesondere im Rahmen der öffentlichen Beschaffung. Aufbauend auf den Analysen und Erkenntnissen aus den Pilotprojekten werden nun Indikatoren und Strategien entwickelt, um mögliche Kooperationen für eine nachhaltige Landnutzung und regionale Nahrungsversorgung vor Ort zu stärken. Zudem werden Handlungsempfehlungen bereitgestellt, die andere Regionen für sich nutzen können.

Das KOPOS-Projekt wurde vom Bundesministerium für Bildung und Forschung gefördert und hatte eine fünfjährige Laufzeit von Februar 2020 bis Januar 2025. (mb)

www.kopos-projekt.de/de

Nachhaltige Landnutzung
für die Zukunft
**Menschen brauchen
intakte Ökosysteme**

Im großen Ökosystem Erde, das alle Lebensräume für verschiedene Arten von Lebewesen umfasst, ist auch der Mensch beheimatet. Sein Platz erstreckt sich aber nicht auf ein begrenztes Gebiet. Pflanzen und Tiere hingegen besiedeln in der Regel einen bestimmten Lebensraum, beispielsweise einen Wassertümpel oder einen Wald. In einem solchen Ökosystem leben zahlreiche Organismen, die gegenseitig voneinander abhängig sind.

Ökosysteme bilden die Grundlage des Lebens und sind unerlässlich für das menschliche Wohlergehen. Sind sie intakt und funktionieren, liefern die verschiedenen Ökosysteme eine Reihe kostenloser Dienstleistungen, beispielsweise ertragreiche Ernten, gesunde und nahrhafte Lebensmittel, Arzneimittel, Baumaterialien, saubere Luft und sauberes Wasser oder gar

Schutz vor Hochwasser. Der Wert dieser Leistungen wird auf mehrere Milliarden Euro geschätzt. Obwohl die Menschheit so stark davon profitiert, sind menschliche Aktivitäten gleichzeitig die größte Bedrohung für die weitere Bereitstellung dieser Leistungen. So ist die Spezies Mensch hauptverantwortlich für den Schwund der biologischen Vielfalt, die Verschlechterung der Bodenqualität, die Verschmutzung von Luft und Gewässern oder die nicht ausreichende Nahrungsmittelversorgung weltweit. Die menschgemachte Klimakrise verschärft diese negativen Entwicklungen zusätzlich.

Die Integrationsplattform „Nachhaltige Landnutzung für die Zukunft" des Helmholtz Zentrums für Umweltforschung (UFZ) widmet sich daher der Aufgabe, die notwendigen Lösungen für funktionierende Ökosysteme zu finden und deren Stabilität und Widerstandsfähigkeit zu gewährleisten. Zuallererst gilt es, die biologische Vielfalt zu sichern. Hinzu kommt, die begrenzte Ressource Land auf unserem Planeten zu schonen und für eine sinnvolle Nutzung vorzusehen. Ob für Stadtentwicklung und Infrastruktur, Land- und Forstwirtschaft, Bergbau und Industrie oder Naturschutz – jede Entscheidung für oder gegen eine bestimmte Landnutzung kann zu unvorhersehbaren Veränderungen, Konflikten, Chancen oder neuen Entwicklungspotenzialen führen.

Die Wissenschaftler*innen des UFZ arbeiten in interdisziplinären, dynamischen Plattformprojekten zusammen. Sie wollen herausfinden, wie Prozesse in Ökosystemen funktionieren und wie sie miteinander verbunden sind. Aus diesen Erkenntnissen entwickeln sie Strategien, Instrumente und Maßnahmen, die die Widerstandsfähigkeit von Ökosystemen und ihrer Leistungen, in Zeiten des globalen Wandels, sicherstellen. Denn Erhalt und Wiederherstellung der biologischen Vielfalt sowie der wesentlichen Funktionen von Ökosystemen sind der Schlüssel für eine nachhaltige Landnutzung. (mb)

www.ufz.de/index.php?de=48644

Ausstellung
Gemeinsam Land sichern
Gesunde Böden sind unerlässlich für das menschliche Leben auf der Erde. Sie brauchen bis zu Hunderten von Jahren, um sich zu bilden. Doch schon ein extremes Ereignis kann sie in Windeseile zerstören. Rund 40 Prozent der Böden gelten weltweit bereits als verödet. Dabei sind Böden nicht nur für Menschen lebensnotwendig, sondern auch für die Artenvielfalt und das Weltklima. Landflächen sind daher ein wertvoller Schatz, den es zu renaturieren und zu bewahren gilt.

Anlässlich des 30-jährigen Bestehens des Übereinkommens zur Bekämpfung der Wüstenbildung (UNCCD) der Vereinten Nationen zeigt die Ausstellung „Save Land. United Land" der Bundeskunsthalle in Bonn in Kooperation mit der UNCCD-G20 Global Land Initiative bis 1. Juni

2025, wie es um Böden in Städten und auf landwirtschaftlich und industriell genutztem Gelände steht. Neben zeitgenössischer Kunst mit Exponaten aus Kulturgeschichte und Naturwissenschaften nutzt die Ausstellung neueste Medientechnologien, um zum individuellen und politischen Handeln zu inspirieren. (mb)

https://saveland.art/

Bundesprogramm Biologische Vielfalt
Damit es summt und brummt
2017 rüttelte die Studie zum Insektensterben des Entomologischen Vereins Krefeld Öffentlichkeit und Politik auf. Die Forscher*innen hatten herausgefunden, dass binnen 30 Jahren die Masse der Insekten um 75 Prozent geschrumpft war. Seither ist einiges geschehen, damit sich der Bestand wieder erholen kann – etwa das Insektenschutzgesetz, das die damaligen Umwelt- und Landwirtschaftsministerinnen Svenja Schulze und Julia Klöckner 2021 auf den Weg gebracht haben, die überarbeitete Verordnung zur Pflanzenschutzanwendung und Einschränkungen des Pestizideinsatzes in Naturschutzgebieten.

Diese Gegenmaßnahmen reichen aber noch nicht aus. Das Projekt FINKA (Förderung von Insekten im Ackerbau), das im Frühjahr 2020 begann, ist ein weiterer Schritt auf dem Weg zu mehr Insektenvielfalt. Hier engagieren sich Landwirt*innen, Wissenschaft und Beratungsunternehmen gleichermaßen. 30 konventionell arbeitende Landwirt*innen verzichten dabei auf einer Versuchsfläche auf den Einsatz von Pflanzenschutzmitteln, die gegen Insekten und Unkräuter eingesetzt werden. Beratend zur Seite stehen ihnen jeweils ökologisch wirtschaftende Kollegen*innen aus ihrer Region. Diese stellen zum Beispiel Arbeitsgeräte wie einen Striegel zur Verfügung, mit dem sich das Beikraut eindämmen lässt. Gemeinsam tauschen sich bäuerlichen Betriebspartnerschaften darüber aus, wie sich der Verzicht auf Pflanzenschutzmittel betriebswirtschaftlich und arbeitstechnisch umsetzen lässt. Die Partner*innen arbeiten bis Ende 2025 zusammen.

Im FINKA-Projekt wird auch wissenschaftlich untersucht, wie sich die geänderte Bewirtschaftungsweise auf die Ackerbegleitpflanzen und damit auf die Insektenvielfalt auswirkt. Zwei Projektpartner*innen führen dazu in den nächsten Jahren gezielt Untersuchungen durch. Mit speziellen Fallen, Nisthilfen oder Kameras werden Insekten auf den FINKA-Versuchsflächen bestimmt, um die Anzahl und Vielfalt der hier vorkommenden Arten beobachten zu können. Parallel dazu bestimmen die Forscher*innen die sich verändernde Ackerbegleitflora.

Das Projekt im Rahmen des Bundesprogramms Biologische Vielfalt verfolgt die Ziele, die Biodiversität auf Ackerflächen zu erhöhen und eine breite Diskussion in der Landwirtschaft anzustoßen. (mb)

https://finka-projekt.de/

100% Nachhaltigkeit

CO_2 auf Tauchstation in Deutschland

Kreislaufwirtschaft am Scheideweg

Grüner Wasserstoff als Trojanisches Pferd

SPEKTRUM NACHHALTIGKEIT

Die Debatte über die Zukunft ist komplex und vielschichtig. Das Spektrum Nachhaltigkeit behandelt deshalb wichtige Fragen der umweltpolitischen Diskussion facettenreich und unabhängig vom Schwerpunktthema. – Viel Vergnügen beim Blick über den Tellerrand!

Kohlenstoffabscheidung und -speicherung in Deutschland

CO_2 auf Tauchstation

Von Moritz Hermsdorf, Markus Salomon und Sophie Schmalz

Fünfzehn Jahre nach den ersten Diskussionen über den Einsatz von Technologien zur Kohlenstoffabscheidung und -speicherung (Carbon Capture and Storage, CCS) (1) rückt das Thema erneut in den politischen Fokus. Die Bundesregierung kündigte in ihrer 2024 veröffentlichten Carbon-Management-Strategie an, das generelle CCS-Verbot in Deutschland aufzuheben und Rahmenbedingungen dafür zu schaffen, die Technologie vom Forschungsgegenstand zum kommerziellen Einsatz weiterzuentwickeln. Dazu soll das Kohlendioxid-Speicherungsgesetz (KSpG) novelliert werden, um künftig die unterseeische Speicherung von Kohlendioxid (CO_2) vor allem in der Ausschließlichen Wirtschaftszone (AWZ) der Nordsee zu ermöglichen. Angesichts der mäßigen Erfolge deutscher Klimapolitik wird CCS offenbar als Möglichkeit gesehen, die Industrie und Teile der Energiewirtschaft rasch zu dekarbonisieren. So konstatierte der ehemalige Bundesklimaschutzminister, Robert Habeck, dass „die Zeit [...] abgelaufen (sei). [...] (Man) habe [...] keine weiteren 15 oder 20 Jahre Zeit, zu überlegen, ob uns nicht doch noch etwas Besseres einfällt." (2)

Dabei ist CCS kein neues Thema. In den 2000er-Jahren sah es etwa die Energiewirtschaft als Option, um die Emissionen fossiler Kraftwerke zu senken. Angesichts des 2020 beschlossenen Kohleausstiegs und der Tatsache, dass heute mehr als 50 Prozent des Stroms aus erneuerbaren Energien stammen, wirkt das Szenario, dass der Einsatz von CCS in der Vergangenheit möglicherweise zu einer Verstetigung der Kohleverstromung geführt hätte, befremdlich. Die bisherigen Demonstrationsprojekte konnten zudem nicht alle Bedenken ausräumen: Speicherstätten sind nicht immer vollständig dicht, CO_2 migriert im Untergrund und Auswirkungen auf Ökosysteme sind teils unzureichend erforscht. (3) Daneben existiert eine Reihe weiterer Probleme (z. B. technisch bedingte Restemissionen bei der Abscheidung, hohe Investitionskosten und geringe gesellschaftliche Akzeptanz). In den Debatten lässt sich aber beobachten, dass diese teils unterschätzt und die Potenziale von CCS stark betont werden. Es ist daher notwendig, Risiken und Gefahren in Erinnerung zu rufen und zu aktualisieren.

Überlastete Nordsee

Die CO_2-Speicherung in der Nordsee ist mit einer Reihe von Risiken und Belastungen für die marine Biodiversität verbunden. (4) Nachdem das CO_2 abgeschieden und zur Küste transportiert wurde, muss es zu den Speicherstätten geleitet werden. In der deutschen AWZ der Nordsee würden bereits eine Reihe potenzieller Standorte für die CO_2-Einlagerung identifiziert. Der Transport erfolgt wahrscheinlich über Rohrleitungen, die mehr als 50 Kilometer lang sein müssen und quer durch das sensible Wattenmeer verlaufen. Dieses Weltnaturerbe hat unter anderem für den Vogelzug eine herausragende Bedeutung.

Injektionsanlagen im Meer übernehmen die Verpressung des CO_2 in Buntsandsteinformationen in etwa 800 bis 3.000 Metern unter dem Meeresgrund. Der Bau von Rohrleitungen und Injektionsanlagen ist mit Eingriffen in den Meeresraum verbunden. So werden Sedimente bewegt und aufgewirbelt, was die davon betroffenen Organismen schädigt. Schiffsbewegungen für die Bauaktivitäten tragen unter anderem zu Lärm- und Schadstoffbelastungen bei.

Um das Gas im Gestein zu verpressen, muss Druck aufgebaut werden. Ist dieser zu hoch, steigt das Risiko von Rissen im Gestein. Diese Risse stellen zusammen mit alten Bohrlöchern ein besonderes Risiko für die Freisetzung von CO_2 aus den Speicherstätten dar. Das trifft auch für Schäden an den Transportrohrleitungen zu. Wird das Klimagas freigesetzt, ist das zum einen aus Klimaschutzgesichtspunkten ein Problem und führt zum andern zu einer lokalen Versauerung des Meerwassers an den Austrittsstellen, was die dortige Fauna oder Flora tötet oder schädigt.

Für die Erkundung und dauerhafte Überwachung der Speicherstätten sind seismische Untersuchungen notwendig. Dafür werden nach aktuellem Stand der Technik Schallwellen aktiv in das Meer eingebracht. Sie stellen eine Lärmbelastung für eine Vielzahl von Meeresorganismen dar.

Besonders empfindlich reagieren zum Beispiel Meeressäugetiere wie der in Deutschland heimische Schweinswal, der solche Schallquellen großräumig meidet.

Auch wenn Meeresschutzgebiete – wie naturwissenschaftlich geboten – von der CO_2-Speicherung ausgenommen werden, betreffen diese Belastungen einen Meeresraum, der bereits jetzt durch viele verschiedene menschliche Aktivitäten wie etwa Schifffahrt und Fischerei zu hoch belastet ist. So werden im deutschen Teil der Nordsee derzeit die europäischen Ziele für den Meeresschutz flächendeckend verfehlt. Zudem sind Konflikte zwischen bestehenden Nutzungen des Meeres wie Offshore-Wind und der CO_2-Speicherung schon jetzt absehbar.

Weg von alten Pfaden

Neben ökologischen Risiken birgt der Einsatz von CCS die Gefahr, dass industrie- und energiepolitische Weichen falsch gestellt werden. Die Abhängigkeiten von fossilen Technologien können durch CCS verfestigt und der Umbau von Industrie und Energiewirtschaft blockiert werden (sog. Lock-In-Effekte).

Zahlreiche Studien zeigen, dass die Vermeidung von Emissionen und der Umstieg von fossilen auf erneuerbare Energien in den meisten Sektoren die wirtschaftlich und technologisch sinnvollste Klimaschutzoption sind. Dieser Aus- und Umstieg ist jedoch bei Weitem noch nicht flächendeckend vollzogen. Würde der CCS-Einsatz rechtlich für nahezu alle Bereiche ermöglicht, könnte das stattdessen Nutzungskonkurrenzen und ein Wettrennen um begrenzte Speicherstätten und -kapazitäten initiieren.

Parallel wird die Herstellung von blauem Wasserstoff, also die Wasserstoffherstellung aus Erdgas in Kombination mit CCS, gefördert. Gleichzeitig bestehen Unsicherheiten, welcher Einsatz von CCS tatsächlich subventioniert werden soll. Obwohl die letzte Bundesregierung keine Förderung für CCS-Projekte in Gaskraftwerken vorgesehen hatte (4), könnte sich CCS je nach Marktbedingungen hier dennoch lohnen. Da ihre Emissionen langfristig vermeidbar sind, sollte CCS für Gaskraftwerke, analog zur Kohlekraft, strikt ausgeschlossen werden. Denn die Erwartung eventueller zukünftiger Förderung senkt für Unternehmen den Anreiz, in klimafreundliche Prozesse und Vermeidungsoptionen zu investieren. Unternehmen zögern, ihre Produktionsprozesse zu elektrifizieren, da CCS und Wasserstoff als Optionen diskutiert werden. Unsicherheiten in der politischen Rahmensetzung können so den Klimaschutz und den Ausbau erneuerbarer Energien eher verzögern („mitigation deterrence").

Der Aufbau einer CCS-Infrastruktur erfordert hohe Investitionen und ist mit langen Amortisationszeiten verbunden. Heutige Weichenstellungen, etwa bezüglich der Dimensionierung eines Leitungsnetzes für CO_2 und Wasserstoff, schaffen langfristige Pfadabhängigkeiten. Auch die laufenden Kosten sind hoch: Groß angelegte Leitungsnetze und Lagerstätten ziehen kontinuierliche und unüberschaubar langfristige Aufwendungen für Infrastrukturerhalt und Monitoring zur Minimierung ökologischer Schäden nach sich. Eine Regelung und Finanzierung auf Basis des Verursacherprinzips wäre daher sinnvoll. Derzeit kann die Verantwortung für die Speicher schon nach vierzig Jahren auf die Allgemeinheit übertragen werden. Das erscheint zu kurz, um langfristige finanzielle und ökologische Risiken zu berücksichtigen.

Nur Unvermeidbares sollte unter den Meeresgrund

Sowohl die ökologischen als auch die klimapolitischen Risiken zeigen, dass CCS, wenn es als Querschnittstechnologie eingesetzt wird, höchst problematisch ist: Je mehr CO_2 eingespeichert wird, desto häufiger treten Konflikte, etwa mit dem Meeresschutz auf. Je mehr Industrie- und Energieanlagen CO_2 einspeichern, anstatt ihre Produktion zu dekarbonisieren, desto häufiger stellen sich Lock-in-Effekte ein.

Um diesen Risiken zu begegnen, sollte CCS auf bestimmte Einsatzgebiete beschränkt werden. In diesem Zusammenhang ist häufig von „schwer" und „unvermeidbaren Emissionen" die Rede. Emissionen, für die prinzipiell eine Vermeidungstechnologie verfügbar wäre, die aber noch unausgereift oder deren Einführung unwirtschaftlich ist, werden als „schwer vermeidbar" qualifiziert. Emissionen, die sich mangels verfügbarer Technologien nicht vermeiden lassen, werden als „unvermeidbar" eingestuft. Zuletzt hatte sich der Sachverständigenrat für Umweltfragen (SRU) dafür ausgesprochen, den Begriff der „unvermeidbaren Emissionen" zu Grunde zu legen, um die Einsatzgebiete für CCS streng zu definieren. Darunter versteht der SRU CO_2-Emissionen, die „aus Prozessen stammen, die nach dem Stand der Technik nicht auf CO_2-freie Produktionsverfahren umstellbar sind oder bei denen das Produkt nicht durch ein CO2-freies Substitut ersetzt werden kann." (4)

Mit dieser Definition können Lock-In-Effekte auf wenige Industrien beschränkt werden. Der Aufbau einer Transport- und Speicherinfrastruktur ließe sich auf ein Maß begrenzen, das Nutzungskonflikte zwar nicht generell ausschließt, sie aber zumindest in quantitativer Hinsicht reduziert. Die nach der Definition erforderlichen, umfassenden technologischen Lagebilder für einzelne Branchen könnten Grundlage einer Entscheidung über mögliche Einsatzgebiete von CCS sein, die einen angemessenen Ausgleich zwischen Gefahren und Potenzialen herstellt.

Literatur

(1) oekom e. V. / Wissenschaftliche Beirat des BUND (Herausgeber) (2010): CO_2-Speicherung: Klimarettung oder geologische Zeitbombe? *politische ökologie* (Bd. 123), München.
(2) Deutscher Bundestag (2024): Plenarprotokoll 20/189, S. 24658 A.
(3) Hauber, G. (2023): Norway's Sleipner and Snøhvit CCS: Industry models or cautionary tales? IEEFA, Cleveland.
(4) Sachverständigenrat für Umweltfragen (2024): CCS in Deutschland rechtlich auf unvermeidbare Restemissionen begrenzen: Stellungnahme zur KSpG-Novelle, Berlin.

Zu den Autor*innen

a) Moritz Hermsdorf ist Jurist und – wie die Mitautor*innen auch – wissenschaftlicher Mitarbeiter beim SRU.

b) Markus Salomon hat Biologie mit dem Schwerpunkt Hydrobiologie und Fischereiwissenschaften studiert.

c) Sophie Schmalz ist Umwelt- und Energieökonomin sowie Journalistin.

Kontakt

Moritz Hermsdorf
Markus Salomon
Sophie Schmalz
Sachverständigenrat für Umweltfragen (SRU)
E-Mails moritz.hermsdorf@ufz.de
markus.salomon@umweltrat.de
sschmalz@diw.de

Nationale Kreislaufwirtschaftsstrategie

Am Scheideweg

Von Janine Korduan und Benedikt Jacobs

In Deutschland sind die bisherigen Bemühungen im Ressourcenschutz komplett ins Leere gelaufen. Weder das Kreislaufwirtschaftsgesetz noch das Ressourceneffizienzprogramm haben zu einer Senkung des Ressourcenverbrauchs geführt. Für eine Ressourcenwende brauchen wir eine allumfassende Reform unseres Umgangs mit Ressourcen.

Im Dezember 2024 wurde die Nationale Kreislaufwirtschaftsstrategie (NKWS) verabschiedet. Sie kann ein wichtiger Schritt auf dem Weg hin zu einer ressourcenschonenden Wirtschaft sein. Dafür muss sie von der neuen Bundesregierung jedoch mit Leben gefüllt werden. Denn zu Recht wird in der Strategie betont, dass Deutschlands derzeitiger Ressourcenverbrauch gravierende globale Umweltauswirkungen verursacht und die zwingende Notwendigkeit besteht, ihn deutlich zu reduzieren. Die daraus abgeleiteten Ziele können, wenn sie ernst genommen werden, den Wandel hin zu einer echten Kreislaufwirtschaft einleiten. Dafür ist jedoch eine Übersetzung in konkretere und verbindliche Maßnahmen erforderlich, welche die gesamte Abfallhierarchie adressieren. Im Bereich Kreislaufwirtschaft, wird das die Aufgabe, an der sich die neue Bundesregierung messen lassen muss.

Echte Kreislaufwirtschaft

Parallel drohen jedoch Entwicklungen im Bereich der CO_2-Abscheidung und -Speicherung (Carbon Capture and Storage, CCS; CO_2-Deponierung) die Kreislaufwirtschaft zu untergraben. Für einen tatsächlichen Übergang in eine ressourcenschonende Kreislaufwirtschaft sind eine Verzahnung mit anderen Strategien wie der Industrie- und der Biomassestrategie und die folgenden Punkte besonders wichtig:

Ziele: Als Orientierungswert gibt die NKWS an, dass der Primärrohstoffverbrauch bis 2045 auf sechs bis acht Tonnen pro Kopf und Jahr gesenkt werden müsse. Dieser Zielkorridor ist grundsätzlich begrüßenswert. Um die gewünschte Lenkungswir-

---

Nachhaltigkeit – der Begriff hat in den Medien Konjunktur. Häufig bleibt die Berichterstattung jedoch an der Problemoberfläche. Nachhaltigkeit ist beim größten deutschen Umweltverband, der zwei große Studien über ein zukunftsfähiges Deutschland initiiert hat, und der *politischen ökologie* seit vielen Jahren gut aufgehoben. Deshalb suchen sie die Zusammenarbeit: In jeder Ausgabe gibt es an dieser Stelle einen Hintergrundbeitrag von einem oder einer BUND-Autor*in.

kung zu entfalten und Planungssicherheit für die Wirtschaft zu schaffen, muss ein konkretes und verbindliches Reduktionsziel festgelegt und dieses mit ambitionierten Maßnahmen sowie konkreten Zwischenzielen bis 2030 unterlegt werden. Dabei sollte sich die Bundesregierung an den Empfehlungen des Rates für Nachhaltige Entwicklung orientieren.

Rechtlicher Rahmen: Ohne entsprechenden rechtlichen Rahmen wird die Kreislaufwirtschaftsstrategie nur eine begrenzte Wirkung entfalten. Die NKWS sieht eine Prüfung vor, wie zentrale Ziele und ihr Monitoring auf eine neue gesetzliche Grundlage gestellt werden können. Konkret brauchen wir ein Ressourcenschutzgesetz mit einem verbindlichen und klaren Reduktionspfad. Darin müssen sektorspezifische Ressourcenschutzziele, Zeitrahmen, Berichtspflichten, Monitoring und Sanktionen bei Nichterreichung festgelegt werden.

Lineares Wirtschaften beenden: Die Erhöhung der Kreislaufmaterialeinsatzrate (CMUR) und die verstärkte Nutzung von Sekundärrohstoffen gehören zu den zentralen Zielsetzungen der NKWS. Mit der Verdopplung der CMUR bis 2030 wird jedoch lediglich das EU-Ziel auf die nationale Ebene übertragen. Deutschland liegt derzeit (2023) bei knapp 14 Prozent, soviel aller genutzten Rohstoffe stammen aus dem Recycling. Dass es besser geht, zeigen bereits heute Länder wie Italien (21%) oder die Niederlande (31%). Um den Ressourcenverbrauch zu reduzieren, ist also ein ambitionierteres Ziel nötig, das künftig mit Nachdruck verfolgt und durch Maßnahmen zur Förderung des Einsatzes von schadstofffreien Rezyklaten flankiert werden muss. Kreisläufe können jedoch nur geschlossen werden, wenn ressourcenschonende und abfallsparende Lösungen wie Unverpackt- und Mehrwegsysteme, Sharing-Modelle und andere produkterhaltende Systeme verbindlich in die Breite getragen werden.

Es braucht Suffizienz und Effizienz: Die NKWS droht, die gleichen Fehler wie das Ressourceneffizienzprogramm zu machen. Es sind weiter vor allem Maßnahmen zur Steigerung der Materialeffizienz, des Recyclings und zur Unterstützung zirkulärer Geschäftsmodelle sowie zur Förderung von Forschung und Innovationen vorgesehen. Diese Maßnahmen sind wichtig, reichen aber bei Weitem nicht aus, um die Leitziele der NKWS zu erreichen und tatsächlich Primärressourcen in relevantem Maß einzusparen. In allen Handlungsfeldern müssen Maßnahmen zur Vermeidung, Wiederverwendung, Haltbarkeit und Reparatur im Sinne der Abfallhierarchie klar priorisiert und entsprechend stärker gefördert werden. Es braucht vor allem Maßnahmen, die auf die Reduzierung des Bedarfs abzielen. Dazu gehören etwa die Verringerung des Individualverkehrs oder der Ausbau poolfähiger Mehrwegsysteme. Hier liegt das ungehobene Potenzial der NKWS.

Finanzierung: Während die in der NKWS vorgesehenen Maßnahmen einerseits nicht ausreichen werden, um die nötige Verbrauchsreduktion zu erreichen, ist andererseits überhaupt nicht klar, ob diese Maßnahmen umgesetzt werden. Deshalb ist es

– auch für die wirtschaftliche Planbarkeit – zentral, dass sich die neue Bundesregierung zur NKWS bekennt und dafür vorgesehene Haushaltsmittel tatsächlich zur Verfügung stellt. Die in der NKWS beschriebenen ökonomischen Instrumente zur Stärkung der Kreislaufwirtschaft reichen nicht aus. Es braucht zusätzlich fiskalische Elemente, wie zum Beispiel die Besteuerung von Einwegverpackungen sowie den Abbau von fossilen Subventionen wie dem Dienstwagenprivileg oder der Steuervergünstigung für tierische Produkte. Solche Einnahmen könnten zirkuläres Wirtschaften finanzieren und die gewünschte Lenkungswirkung entfalten. Um eine langfristige Finanzierung der Transformation sicherzustellen, müssen neben Haushaltsmitteln auch Herstellerabgaben im Rahmen einer umfassenden erweiterten Herstellerverantwortung eingeführt und zweckgebunden für die Kreislaufwirtschaft eingesetzt werden.

Umsetzung: Die Einrichtung einer Plattform für Kreislaufwirtschaft, die Entwicklung einer „Roadmap 2030" und der Aufbau eines Monitoring- und Evaluationssystems sind essenziell für die erfolgreiche Umsetzung der NKWS. Neben Vertreter*innen aus Wirtschaft und Wissenschaft muss auch die Zivilgesellschaft aktiv in diesen Prozess einbezogen werden.

CCS verhindert den Kreislauf

Um die planetaren Leitplanken zu respektieren, brauchen wir einen systemischen Umbau unserer Wirtschaft. Ein Weiter-so führt aktuell und auch in zukünftigen Szenarien zu viel zu hohen Emissionen. Doch statt die Transformation voran zu bringen, fokussieren sich Teile der Politik und Industrie auf Scheinlösungen wie CCS. Mittels CCS an industriellen Anlagen wie Müllverbrennungsanlagen sollen vermeintlich unvermeidbare Emissionen extrem energieintensiv abgefangen und deponiert werden. Diese »Pseudovation« aus den 1960er-Jahren birgt jedoch erhebliche Umwelt- und Gesundheitsrisiken und längst bekannte weitere unkalkulierbare Risiken und Grenzen mit sich, die jedoch in der öffentlichen Diskussion unterschätzt werden. Aktuelle Pläne der Industrie zielen auf den Aufbau einer bundesweiten CCS-Infrastruktur und nicht auf echten Ressourcen- und Klimaschutz.

Eine milliardenschwere CCS-Förderung würde den sozial-ökologischen Umbau erschweren und alle Risiken sowie Verantwortung auf die nächsten Generationen verschieben. Wenn Kreislaufwirtschaft und Abfallkrise ernstgenommen werden, müssen Fördermittel gezielt für Maßnahmen am Anfang der Wertschöpfungskette ausgegeben werden, die im Gegensatz zu CCS bereits vorhanden sind und funktionieren. Statt teuer das teilweise Abfangen und Transportieren der Emissionen bei der Verbrennung von Müll zu fördern, sollte alles getan werden, um weniger Müll zu produzieren. Im Siedlungsabfall sind fast 70 Prozent vermeidbare und recyclebare Wertstoffe wie etwa Bioabfall, Holz und CO_2-intensive Kunststoffe enthalten. Dafür braucht es eine optimierte Sammelinfrastruktur, unter anderem eine bundesweit verpflichtende Bioabfalltonne, die Einführung von Restmüllnachsortierung und natürlich umfassende Design-for-Recycling-Vorgaben. Günstig und am ressourceneffizientesten sind ebenso die Ausweitung einer bundesweiten öffentlichen Trinkbrunnen- sowie Mehrweg-Infrastruktur.

Vermeidbare Unvermeidbarkeit
Aktuell ist faktisch nur ein Drittel echter Restmüll und damit unvermeidbar. Er verursacht im Vergleich zur Kunststoffverbrennung zudem nur einen Bruchteil an Emissionen, dennoch bewerten Teile der Politik und Industrie die Gesamtemissionen der Abfallverbrennung als „unvermeidbar". Laut dem Sachverständigenrat für Umweltfragen sollten vor einem CCS-Aufbau zunächst alle nach aktuellem Stand der Technik verfügbaren Mittel ausgeschöpft werden (vgl. S. 108 ff.). Für den Abfallsektor heißt das, die zuvor genannten Maßnahmen umzusetzen. Tatsächlich unvermeidbar ist nur ein Bruchteil der jetzigen Emissionen, für deren Entsorgung sicher keine milliardenteure Infrastruktur lohnt, sondern die mit natürlichen Senken kompensiert werden können. Positive Nebeneffekte wie Artenschutz wären inklusive.

Deutschland braucht echte Kreislaufwirtschaft statt Ressourcenkollaps. Neben der ökologischen Notwendigkeit birgt sie weitere Vorteile; Tausende neue zukunftsfähige Arbeitsplätze, Bruttowertschöpfungssteigerung, Förderung kleiner und mittelständiger Unternehmen sowie die Senkung der Rohstoff-Importabhängigkeit. Investitionen in die Kreislaufwirtschaftsinfrastruktur spielen eine zentrale Rolle für die Zukunft der EU. Sicherheit, Wohlstand und Freiheit können wir nur mit echtem Ressourcenschutz erreichen. ▬

Zu den Autor*innen
a) Janine Korduan hat einen Master in Technischem Umweltschutz. Seit 2020 ist sie Referentin für Kreislaufwirtschaft beim BUND.

b) Benedikt Jacobs hat einen Master im Management natürlicher Ressourcen. Seit 2023 ist er stellv. Sprecher des Bundesarbeitskreises Abfall und Rohstoffe des Wissenschaftlichen Beirats des BUND.

Das Netzwerk Ressourcenwende setzt sich als Zusammenschluss von Zivilgesellschaft und Wissenschaft für eine global und generationsübergreifend gerechte Ressourcennutzung ein.

Kontakt
Janine Korduan, Benedikt Jacobs
Bund für Umwelt und Naturschutz
Deutschland e. V. (BUND)
E-Mail janine.korduan@bund.net,
benedikt.jacobs@bund.net

Grüner Wasserstoff

Wundergas oder Trojanisches Pferd?

Von Ingo Leipner

——— Sogenannter grüner Wasserstoff wurde von der Ampel-Regierung als Teil der Energiewende gefeiert. Doch es lohnt sich, seine Produktion anzuschauen und einen Blick in die Energiebilanz zu werfen.

Eine Studie von Price Waterhouse Coopers (PwC) kommt in Bezug auf die Produktion von grünem Wasserstoff zu dem Schluss, dass die gesamte Kapazität von Wasserstoff-Projekten weltweit bei lediglich einem Gigawatt (GW) liegt. Dabei wurden nur Anlagen gezählt, die bereits in Betrieb sind. Weitere 15 GW würden aktuell finanziert oder gebaut. (1) Die entscheidende Zahl ist 1,8 Prozent. Das ist genau der Anteil der realisierten, finanzierten und im Bau befindlichen Projekte, gemessen an der geplanten Kapazität von 840 GW. Übrigens: Ein GW entspricht der installierten Leistung des Offshore-Windparks „Walney", dessen 189 Windräder sich in der Irischen See drehen. Ähnlich sieht die Situation in EU aus: Bis 2030 sollen Wasserstoff-Anlagen entstehen, die eine Leistung von 120 GW aufweisen, was einem Zubau von 20 GW im Jahr entspricht. Um dieses Ziel zu erreichen, müsste die EU zwanzig Mal schneller Kapazitäten aufbauen, als es bisher der Fall ist. Hinzu kommt ein enormer Zusatzbedarf an erneuerbarer Energie, denn für die anvisierten 120 GW Leistung würden zum Beispiel 24.000 neue Windräder benötigt.

Für Deutschland gibt es ebenfalls interessante Zahlen: Die Ampel-Koalition hat das Ziel für die Wasserstoff-Kapazität bis 2030 verdoppelt – von fünf auf zehn GW. (2) Doch der Nationale Wasserstoffrat beziffert die Kapazität, die 2030 notwendig sein könnte, auf 39 GW bis 52 GW. Daher musste die alte Bundesregierung von einem Importanteil ausgehen, der 50 bis 70 Prozent beträgt. (3) Ganz klar wird: Zwischen Angebot und Nachfrage klafft eine gewaltige Lücke, die sich so schnell weder auf der nationalen, noch auf der europäischen und globalen Ebene schließt.

Die Farbenlehre des Wasserstoffs

Die genannten Zahlen beziehen sich alle auf grünen Wasserstoff. Daher ist es sinnvoll, in einen Teil der vielfältigen Farbenlehre beim Wasserstoff (H_2) einzusteigen:

▫ *Grauer Wasserstoff:* Sein Herstellungsverfahren dominiert die H_2-Produktion. Bei der „Dampfreformierung mit Erdgas" wird Methan als Hauptbestandteil von fossilem Erdgas aufgespalten. Am Ende des Prozesses entsteht Wasserstoff, und es wird CO_2 emittiert. Ein klimaschädliches Verfahren, etwa zwei Prozent der CO_2-Emission kommen in Deutschland aus der Dampfreformierung.

▫ *Blauer Wasserstoff:* Auch er entsteht wie grauer Wasserstoff durch Dampfreformierung mit Erdgas, aber das CO_2 soll unterirdisch gelagert werden (Carbon Capture and Storage, CCS). Die Kohlenstoffabscheidung und -speicherung ist eine umstrittene Technologie. Aber: Infrastruktur und Förderstätten sind vorhanden, wodurch blauer Wasserstoff günstig herzustellen ist.

◻ *Grüner Wasserstoff:* Seine Herstellung erfolgt durch Elektrolyse. Dabei wird Wasser in Sauerstoff und Wasserstoff gespalten. Erneuerbare Energie liefert den nötigen Strom. Daher ist dieses Verfahren CO_2-neutral, allerdings besteht ein hoher Kosten- und Energieaufwand.

Der grüne Wasserstoff wird auch in ein paar Jahren nur in geringen Mengen hergestellt werden, doch die geplante Nachfrage soll explodieren. Eine Diskrepanz, die eine Wasserstoff-Wirtschaft infrage stellt.

Eine großartige PR-Erzählung

Es sei denn, es steht plötzlich das grün angestrichene trojanische Pferd vor den Toren. Selbst die sonst kritische *Frankfurter Rundschau* schreibt ohne Ironie vom „Wundergas", und 3sat sendet eine Dokumentation, deren Titel aus einer PR-Agentur stammen könnte: „Industrie in Gefahr – Wo bleibt der Wasserstoff?" In der Mediathek heißt es dazu: Der „Ausstoß an Treibhausgasen" sei enorm zu reduzieren. Und weiter: „Das geht nur, wenn wir konsequent auf Wasserstoff setzen." Alle schönen Worte täuschen aber nicht über die Tatsache hinweg, dass es einfach viel zu wenig grünen Wasserstoff gibt, jetzt und in naher Zukunft. Das beweist unter anderem die PwC-Studie, aber auch die Wasserstoffstrategie der alten Bundesregierung. Also ändert sich das Wording in der Öffentlichkeit: Nur der präferierte grüne Wasserstoff ist CO_2-frei, aber dem blauen Wasserstoff lässt sich das Etikett „kohlenstoffarm" anheften, wegen der geplanten CO_2-Abscheidung.

Damit wird immer deutlicher, was im Bauch des hölzernen Pferdes wartet: vermeintlich kohlenstoffarmer Wasserstoff und vieles mehr. So nennt bereits das Heizungsgesetz blauen Wasserstoff, um die Erneuerbaren-Regel mit ihren 65 Prozent zu erfüllen. Klimaschutzverträge mit der Industrie können zur Dekarbonisierung auch blauen Wasserstoff einsetzen. Die Kraftwerksstrategie der Ampel sieht außerdem vor, Gaskraftwerke mit einer Leistung von insgesamt zehn GW zu bauen. „Die neuen Kraftwerke sollen", so die alte Bundesregierung, „zunächst mit Erdgas und später mit allen Wasserstoff-Farben – möglichst mit grünem Wasserstoff – betrieben werden können. Etwa ab 2035 sollen sie vollständig auf Wasserstoff umgestellt werden." (4) – Befindet sich im Bauch des Trojanischen Pferdes etwa noch ein Bestandsschutz für Erdgas?

„Wenn es mit dem Klimaschutz weitergehen soll, muss ich die Kröte mit dem blauen Wasserstoff schlucken, denn der grüne Wasserstoff ist schwer lieferbar", sagt Volker Quaschning. (5) Er ist seit 2004 Professor für das Fachgebiet Regenerative Energiesysteme an der Hochschule für Technik und Wirtschaft HTW Berlin. Aber wie „kohlenstoffarm" ist blauer Wasserstoff tatsächlich? Er basiert auf Erdgas, das aus Methan besteht. „Erdgas ist über 20 Jahre betrachtet rund 80 Mal klimaschädlicher als CO_2", erklärt Quaschning. „Wenn ich nur kleine Mengen Methan verliere, richte ich damit einen sehr großen Klimaschaden an." Das geschieht an Pipelines bei Leckagen oder direkt an undichten Bohrlöchern. So ist 2024 eine Studie in *Nature* erschienen, die sechs US-amerikanische Fördergebiete untersuchte. Resultat: Drei Prozent des Methans entweichen in die Atmosphäre; die Menge ist dreimal so groß wie bisher vermutet. (6) Fossile Brennstoffe sind also noch umweltschädlicher als weithin angenommen, und ein schneller Ausstieg wird noch dringlicher.

„Der blaue Wasserstoff ist keine Alternative, wenn ich Klimaschutz erreichen will", sagt Quaschning, „denn er ist bei der Klimabilanz kaum besser als Erdgas." Trotzdem drohe eine Zementierung des Erdgaszeitalters. Die Taktik mit dem grün angestrichenen Holzpferd scheint aufzugehen: Erst wird grüner Wasserstoff propagiert, dann die blaue Variante ins Spiel gebracht – und in letzter Konsequenz das Kraftwerkstor aufgestoßen, um weiter Erdgas zu verbrennen. In den Worten von Quaschning: „Wenn der grüne Wasserstoff nicht zur Verfügung steht, werden Habecks Gaskraftwerke mit Erdgas befeuert."

Beim Bundesverband der Energie- und Wasserwirtschaft (BDEW) liest sich das so: „Für eine Übergangsphase ist die Versorgung mit Erdgas zu sichern und zu diversifizieren. Parallel erfolgt ein Markthochlauf für erneuerbare und kohlenstoffarme Gase." (7) Kohlenstoffarm? Damit ist wieder der blaue Wasserstoff gemeint. Lobbycontrol schreibt dazu: „Mit Begriffen wie ‚kohlenstoffarme Gase' schafft die Gaslobby ein neues Framing, das auch Gase aus Erdgas zum vermeintlichen Teil der Lösungen für die Klimakrise macht." (8) Die Folge könnte laut GermanWatch sein: „Durch blauen Wasserstoff droht eine Verstärkung und Verstetigung der Abhängigkeit und Nutzung von fossilem Erdgas (Lock-ins)." (9) Damit ist endgültig klar, was die Gasindustrie in ihrem trojanischen Pferd versteckt.

Zeitraubender Umweg

Diese Diskussion führt direkt zu der Frage: Wie steht es eigentlich um die Energiebilanz beim grünen Wasserstoff? Damit hat sich Ulf Bossel beschäftigt. Sein zentraler Kritikpunkt: Wasserstoff ist keine Energie, die unendlich sprudelt – sondern lediglich ein Energieträger. Der mithilfe von Wasserstoff verteilte Strom würde nie mit dem grünen Original konkurrieren können. Probleme der Energieversorgung würden ebenso wenig gelöst „wie die Wasserversorgung in der Sahelzone mit der Verteilung von Eimern." (10)

Wie kommt der Experte zu dieser Einschätzung? Von 100 Prozent grünem Strom kommen bei Verbraucher*innen wenigstens 80 Prozent an, wenn die Elektrizität durch das übliche Verteilnetz fließt. Bei Wasserstoff geht die Rechnung nicht so günstig auf: nur 20 bis 25 Prozent der Ausgangsenergie erreichen die Konsument*innen. Bei flüssigem Wasserstoff fällt die Energiebilanz noch schlechter aus.

Der Grund: Die Wasserstoff-Wirtschaft benötigt viele Zwischenschritte, die Energie verbrauchen. Zuerst wird grüner Strom elektrolytisch in Wasserstoff gesteckt, den man über eine neu zu schaffende Infrastruktur verteilen muss, um ihn dann wieder in Strom zu verwandeln oder stofflich zu nutzen. Dazu sind grüne Kraftwerke, Elektrolyseure, Kompressoren, Anlagen zur Verflüssigung, geeignete Verteilnetze (Pipelines/

LKW), Speicherbehälter, Technik zum Umfüllen, Lagerkapazitäten, plus Ventile, Mess- und Regeltechnik sowie moderne Gasbrenner notwendig. „Strom von Brennstoffzellen wird mindestens viermal teurer sein als Strom direkt aus der Steckdose", so Bossel. Daher kommt er zur Einschätzung: „Das Klimaproblem lässt sich mit grünem Strom relativ schnell lösen. Mit dem zeitraubenden Umweg über Wasserstoff wird die drohende Klimakatastrophe jedoch kaum zu vermeiden sein. Die Politik muss schnellstens umdenken, bevor die Weichen in Richtung Sackgasse gestellt sind."

Quellen
(1) www.strategyand.pwc.com/de/de/presse/sauberer-wasserstoff.html
(2) www.bmwk.de/Redaktion/DE/Wasserstoff/Dossiers/wasserstoffstrategie.html
(3) www.kfw.de/PDF/Download-Center/Konzernthemen/Research/PDF-Dokumente-Fokus-Volkswirtschaft/Fokus-2024/Fokus-Nr.-475-November-2024-Wasserstoff.pdf
(4) www.bundesregierung.de/breg-de/aktuelles/kraftwerksstrategie-2257868
(5) Online geführtes Interview des Autors mit Prof. Dr. Volker Quaschning am 10.02.2025.
(6) www.nature.com/articles/s41586-024-07117-5
(7) www.bdew.de/energie/positonspapier-gas-importeure-midstreamer-transformation/
(8) www.lobbycontrol.de/wp-content/uploads/gaslobby-studie-lobbycontrol.pdf
(9) www.germanwatch.org/sites/default/files/germanwatch_blauer_wasserstoff_2024_1.pdf
(10) www.eurosolar.de/2021/11/19/wasserstoffwirtschaft-verhindert-die-energiewende-interessante-technik-mit-miserabler-energiebilanz/

Zum Autor
Ingo Leipner ist Diplom-Volkswirt, freier Wirtschaftsjournalist, Dozent und Buchautor. Im Jahr 2005 gründete er die Textagentur EcoWords.

Kontakt
Ingo Leipner
Textagentur EcoWords
E-Mail ingo.leipner@ecowords.de

Impressum

Haben Sie eine der letzten Ausgaben verpasst? Bestellen Sie einfach nach!

pö 175 Naturbasierte Lösungen
Gamechanger für die Klima- und Biodiversitätskrise? 18,95 €

pö 176 Akklimatisierung
Lokale Anpassung an den Klimawandel. 19,95 €

pö 177 Planetare Gesundheit
Wie Mensch und Ökosysteme gesunden. 19,95 €

Das Gesamtverzeichnis finden Sie unter **www.politische-oekologie.de,** E-Mail neugier@oekom.de

Impressum

politische ökologie, Band 180
Feldversuche
Wege zu nachhaltiger Landnutzung
März 2025
ISSN (Print) 0933-5722, ISSN (Online) 2625-543X,
ISBN (Print) 978-3-98726-149-7 ePDF-ISBN 978-3-98726-423-8
Verlag: oekom – Gesellschaft für ökologische Kommunikation mit beschränkter Haftung, Goethestraße 28, D-80336 München
Fon ++49/(0)89/54 41 84–200, Fax -49,
E-Mail info@oekom.de
Herausgeber: oekom e. V. – Verein für ökologische Kommunikation, www.oekom-verein.de, E-Mail info@oekom-verein.de
Chefredakteur: Jacob Radloff (verantwortlich)
Stellvertr. Chefredakteurin und CvD: Anke Oxenfarth (ao)
Redaktion: Marion Busch (mb)
Schlusskorrektur: Silvia Stammen
Gestaltung: Lone Birger Nielsen
E-Mail nielsen.blueout@gmail.com
Anzeigenleitung/Marketing: Karline Folkendt,
oekom GmbH (verantwortlich),
Fon ++49/(0)89/54 41 84-217
E-Mail anzeigen@oekom.de
Bestellung, Aboverwaltung und Vertrieb:
Aboservice oekom, Postfach 1363, 82034 Deisenhofen
Fon ++49/(0)89/85 853-860
E-Mail oekom@cover-services.de
Vertrieb Bahnhofsbuchhandel: DMV Der Medienvertrieb GmbH & Co. KG, Meßberg 1, 20086 Hamburg

Druck: Kern GmbH, In der Kolling 120, 66450 Bexbach.
Gedruckt auf FSC®-zertifiziertem Recyclingpapier.
Bezugsbedingungen: Jahresabonnement Print:
für Institutionen 138,40 €, für Privatpersonen 79,20 €,
für Studierende ermäßigt (gegen Nachweis) 59,20 €.
Print + Digitalabo Institution: 242,00 €, privat: 122,60 €,
ermäßigt (gegen Nachweis): 91,90 €. Alle Preise zzgl. Versandkosten.
Preise gültig ab 01.01.2025. Das Abonnement verlängert sich automatisch, wenn es nicht sechs Wochen vor Ablauf schriftlich gekündigt wird.
Einzelheft: 19,95 € zzgl. Versandkosten. E-Book-Preis: 15,99 €.
Konto: Postbank München,
IBAN DE59 7001 0080 0358 7448 03, BIC PBNKDEFF.
Nachdruckgenehmigung wird nach Rücksprache mit dem Verlag in der Regel gern erteilt. Voraussetzung hierfür ist die exakte Quellenangabe und die Zusendung von zwei Belegexemplaren. Artikel, die mit dem Namen des Verfassers/der Verfasserin gekennzeichnet sind, stellen nicht unbedingt die Meinung der Redaktion dar. Für unverlangt eingesandte Manuskripte sind wir dankbar, übernehmen jedoch keine Gewähr.
Bildnachweise: Adobe Stock: Titel: Bos Amicor, S. 19 PCH.Vector, kora_sun, pakatip, S. 31 Digital ArT, bioraven, thanarak, S. 73 Prasanth, S. 121 nelly.

Die Deutsche Nationalbibliothek – CIP-Einheitsaufnahme. Ein Titeleinsatz für diese Publikation ist bei der Deutschen Nationalbibliothek erhältlich.

Die automatisierte Analyse des Werkes, um daraus Informationen insbesondere über Muster, Trends und Korrelationen gemäß § 44b UrhG („Text und Data Mining") zu gewinnen, ist untersagt.

Vorschau
Kultur*en & Transformation

politische ökologie (Band 181) – Juli 2025

In einer Welt, die sich kontinuierlich und oft disruptiv verändert, spielen kulturelle Dynamiken eine Schlüsselrolle bei der Gestaltung sozial-ökologischer Transformationsprozesse. Kultur ist dabei weit mehr als nur Kunst und Unterhaltung; sie umfasst die Gesamtheit der Werte, Weltbilder und Verhaltensweisen, die die Reaktionen auf globale Herausforderungen prägen. Dabei können traditionelle und moderne Kulturelemente sowohl als Medium als auch als Spiegel gesellschaftlichen Wandels fungieren. Besonders wichtig dabei sind in diesen Prozessen die kulturellen Akteure – von Künstler*innen und Kulturschaffenden über migrantische Communities bis hin zu Entscheidungsträger*innen in Politik und Verwaltung.

Die kommende Ausgabe widmet sich der vielschichtigen Interaktion zwischen Kultur, Kulturen und Transformation. Die Beiträge erkunden, wie kulturelle Initiativen und Praktiken zur Förderung einer nachhaltigen Entwicklung beitragen können und welche Herausforderungen und Möglichkeiten sich daraus für die Gestaltung einer gerechten und resilienten Gesellschaft ergeben.

Die *politische ökologie* (Band 181) erscheint im Juli 2025 und kostet 19,95 €
Print-ISBN 978-3-98726-157-2, ePDF-ISBN 978-3-98726-437-5

Die Region Mittelweser und die Klimakrise

Der Klimawandel führt zu Dürre und Überschwemmungen, während die Artenvielfalt sinkt. Thomas Kausch untersucht an der Mittelweser, wie Mensch und Landschaft sich gegenseitig beeinflussen, und gibt Hinweise für eine bessere Zukunftsgestaltung.

T. Kausch

Landschaften
Was sie uns über das Artensterben und den Klimawandel verraten
204 Seiten, Broschur, vierfarbig mit zahlreichen Abbildungen,
26 Euro
ISBN 978-3-98726-131-2
Auch als E-Book erhältlich

Ernährung ohne Landwirtschaft?

Die Nahrungsmittelproduktion ist ein Hauptverursacher der Klimakrise. »Damit sich die Natur erholen kann, müssen wir die Landwirtschaft abschaffen!«, fordert Oliver Stengel. Er entwirft eine provokante Zukunftsvision – mit »feldfrischen« Lebensmitteln aus dem Labor.

Oliver Stengel

Vom Ende der Landwirtschaft
Wie wir die Menschheit ernähren
und die Wildnis zurückkehren lassen.
Plädoyer für eine Postlandwirtschaftliche Revolution
240 Seiten, Broschur, 20 Euro
ISBN 978-3-96238-207-0
Auch als E-Book erhältlich

Bestellbar im Buchhandel und unter www.oekom.de

Die guten Seiten der Zukunft